DROIT ROMAIN

DE

L'ACTION FAMILIÆ ERCISCUNDÆ

DROIT FRANÇAIS

DES

PARTAGES FAITS PAR LES PÈRES ET MÈRES

ET AUTRES ASCENDANTS ENTRE LEURS DESCENDANTS

THÈSE POUR LE DOCTORAT

SOUTENUE PAR

JULES DIXMIER

AVOCAT

Né à Saint-Léger de Montbrun (Deux-Sèvres)

le jeudi 21 juillet 1870 à midi

Président : M. VALETTE

<table>
<tr><td rowspan="4">SUFFRAGANTS :</td><td>MM. COLMET-DAAGE</td><td rowspan="3">PROFESSEURS</td></tr>
<tr><td>COLMÉT-DE-SANTERRE</td></tr>
<tr><td>LABBÉ</td></tr>
<tr><td>BOISSONNADE</td><td>AGRÉGÉ</td></tr>
</table>

PARIS

ANCIENNE MAISON GUSTAVE RETAUX.

PICHON-LAMY ET DEWEZ, LIBRAIRES-ÉDITEURS,

Rue Cujas, 15

1870

 mon père

DROIT ROMAIN

DE L'ACTION FAMILIÆ ERCISCUNDÆ

Prolégomènes

Lorsqu'une chose appartient à plusieurs personnes et à chacune pour une portion indéterminée, cette chose se trouve dans l'indivision.

L'indivision était vue avec défaveur en droit romain : « In communione nemo compellitur invitus detineri » (Loi 5 au Code, liv. III, tit. XXXVII). Cette défaveur pour l'indivision a passé dans notre ancien droit français : *Qui a compagnon a maître; Commun ne fait pas monceau* (Loysel, Inst. Cout. n°s 379 et suiv.); enfin les rédacteurs du Code Napoléon ont condamné l'indivision dans l'art. 815. C'est qu'en effet l'indivision présente de nombreux inconvénients : outre qu'elle est un obstacle à la bonne administration de la chose indivise, elle est encore la cause de contestations incessantes entre les copropriétaires.

Toutes les législations ont donc considéré comme nécessaire une opération ayant pour but de faire cesser ce fâcheux état de choses, cette opération c'est le partage : si les parties s'accordent pour y procéder, le partage se fait à l'amiable ; mais si les parties ne peuvent pas tomber d'accord, elles auront recours au partage judiciaire. Celui des copropriétaires qui veut sortir de l'indivision a contre les autres une action en justice. A Rome cette action n'était pas toujours la même ; s'il s'agissait d'un partage de succession, c'était l'action *familiæ erciscundæ* qui devait être intentée ; s'il s'agissait de faire cesser toute autre indivision, on avait recours à l'action *communi dividundo*.

Nous ne nous occuperons que de l'action *familiæ erciscundæ* et nous diviserons notre sujet de la manière suivante :

Chapitre premier : Origine et caractère de cette action.

Chapitre deuxième : A qui et contre qui elle est donnée.

Chapitre troisième: Opérations entrant dans la compétence du juge.

Chapitre quatrième : Fins de non-recevoir qui peuvent être opposées à cette action.

Chapitre cinquième : Effets et causes de nullité du partage.

CHAPITRE PREMIER

ORIGINE ET CARACTÈRE DE L'ACTION FAMILIÆ ERCISCUNDÆ

Le mot *familia* avait à Rome plusieurs acceptions; ici cette expression signifie le patrimoine, l'ensemble des biens qui composent la succession. Le mot *erciscere* se compose de deux autres mots : *erctum*, synonyme de *indivisum*, et *ciscere*, synonyme de *dividere*.

Cette action est une action civile. Nous lisons dans la loi 1re au Digeste, Livre X, tit. II: « Hæc actio proficiscitur a lege duodecim Tabularum. » Elle a pour but de faire cesser l'indivision entre cohéritiers et de les contraindre les uns envers les autres à l'exécution des obligations qui ont leur source dans le quasi-contrat d'indivision. L'action *familiæ erciscundæ* est une action personnelle, son but est de contraindre les cohéritiers à l'exécution de l'obligation de partager, et de toutes les autres obligations engendrées par l'indi-vision. Sous Justinien, c'est une action de bonne foi (§ 28, *Inst. de act.*). La loi 9 au Code de Justinien, livre III, T. XXXVI, prouve qu'elle avait ce caractère sous Gordien ; mais l'avait-elle aux époques antérieures ?

Il est à remarquer que ni Cicéron, ni Gaïus ne la comprennent dans les énumérations qu'ils donnent des actions de bonne foi ; mais ces énumérations ne sont pas limitatives, car Cicéron omet l'action *commodati*, et Gaïus passe sous silence l'action *rei uxoriæ*. Nous pensons que l'action *familiæ erciscundæ* était une action de bonne foi même aux époques où vivaient ces jurisconsultes, car les textes du Digeste donnent toujours le nom d'*arbiter* au juge de cette action. Les pouvoirs dont ce juge était investi nous montrent encore que l'action en partage d'une succession appartenait à la classe des actions de bonne foi; en effet, ce juge pouvait tenir compte des fautes commises par les cohéritiers, non-seulement quand elles consistaient *in committendo*, mais encore quand elles consistaient *in omittendo* ; il pouvait même par des cautions prévoir aux éventualités de l'avenir et compenser les dettes réciproques entre les cohéritiers sans y être autorisé par l'exception *doli mali*, (*nec obstat.*, fragm. 39, Dig. *fam. ercis*). L'action *familiæ erciscundæ* offre plusieurs ressemblances avec les actions *communi dividundo* et *finium regundorum* ; nous trouvons dans les formules de ces trois actions l'*adjudicatio* que ne renferme aucune autre formule ; elles se ressemblent encore en ce que chacune des parties qui figure au procès peut être condamnée. Dans les actions ordinaires, le demandeur peut bien succomber dans ses prétentions, mais le défendeur seul peut être condamné. Aussi Ulpien s'exprime-t-il ainsi dans la loi 37, § 1, *De ob. et act.* (44, T. VII): « Mixtæ sunt actiones in quibus uterque actor est ut puta finium regundorum familiæ erciscundæ, communi dividundo : » et Gaïus dit-il, dans le même sens, que ces trois actions sont doubles : « In tribus istis duplicibus judiciis, quæritur quis actor intelligatur quia par causa omnium videtur. Sed magis placuit eum videri actorem qui ad judicium provocasset. (Loi 2, § 1, Com. div.).

Comme dans ces actions chacune des parties était à la fois demanderesse et défenderesse, il en résultait : 1° qu'elles devaient l'une et l'autre prêter les deux serments : « non calumniæ causa litem intendere, et non calumniæ causa ad inficias ire », 2° que le *procurator* de chaque partie devait fournir les deux cautions « de rato et judicatum solvi.» Dans la loi 14 Dig. *De judiciis*, Ulpien prévoit le cas où les parties se sont de consentement mutuel adressées au juge : « Cum ambo ad judicium provocant sorte res discerni solet. » Il y avait un intérêt à distinguer le demandeur du défendeur, car c'était le demandeur qui devait le premier administrer ses preuves.

L'action *familiæ erciscundæ* avait un autre caractère qui lui était commun avec les actions *communi dividundo et finium regundorum*. Ce caractère nous est indiqué par le § 20 des Institutes de Justinien *De actionibus* ainsi conçu : « Quædam actiones mixtam causam obtinere videntur, tam in rem quam in per-

sonam ; qualis est familiæ erciscundæ actio, quæ co-
heredibus competit de dividenda hereditate, item
communi dividundo quæ inter eos redditur inter quos
aliquid commune est ut dividatur; item finium regundorum, quæ inter eos agitur qui confines agros
habent. In quibus tribus judiciis permittitur judici,
rem alicui ex litigatoribus ex bono et æquo adjudicare
et si unius pars prægravare videbitur, eum invicem
certa pecunia alteri condemnare. »

Que faut-il entendre par ces mots : *mixtam causam
obtinere videntur tam in rem quam in personam ?*
Le sens en est difficile à saisir : aussi les a-t-on interprétés de différentes manières. On ne saurait dire que
ces actions sont fondées sur un droit de créance et
sur un droit réel ; cette proposition est contradictoire.
Il est certain que ces actions sont personnelles.

On a dit que ces expressions : *mixtam causam,*
etc., faisaient allusion au caractère d'action double
dont nous avons déjà parlé. En ce sens on invoque
la loi 37 § 1. *De obl. et act.* précitée où nous voyons
qu'Ulpien emploie ces mots *actiones mixtæ* avec le
sens d'actions doubles; mais nous ne pensons pas
que tel soit le sens de notre § 20, car si l'on traduisait
ainsi ces expressions: *mixtam causam,* etc., les mots
suivants, *tam in rem quam in personam,* signifieraient
que le caractère dont il s'agit se trouve tant dans les
actions *in rem* que dans les actions *in personam,* or
les trois actions indiquées dans le § 20 sont *in perso*·

nam, et parmi les actions *in rem* aucune ne leur ressemble.

Dans un deuxième système on a observé que le mot *causa* signifie quelquefois l'objet, le but. Or le but que se propose celui qui intente une action, c'est d'obtenir une condamnation, de faire naître une créance à son profit; dans nos trois actions il y a quelque chose de plus, la partie tend à ce qu'il y ait création d'un droit réel à son profit. Le § 20 signifierait donc ceci : « Il y a des actions qui ont un caractère mixte en ce sens que pour chaque partie elles peuvent aboutir à la création d'un droit réel, aussi bien qu'à celle d'un droit de créance ; ce système donne un sens inusité aux expressions *in rem* et *in personam* ; de plus, il faudrait dire que le revendiquant lui-même agit *in personam* puisqu'il tend à obtenir une condamnation.

On soutient une troisième opinion en disant que ces actions sont bien toujours *in personam*, mais que le juge peut avoir à statuer sur une question de propriété, comme le juge de la revendication et de la pétition d'hérédité.

C'est ce qui arrive lorsque le possesseur d'une hérédité intente l'action *familiæ erciscundæ* contre un cohéritier et que celui-ci conteste au demandeur la qualité d'héritier ; nous verrons en effet plus loin que le possesseur n'est pas obligé de recourir à la pétition d'hérédité pour établir ses droits et qu'il peut prouver sa prétention en exerçant l'action *familiæ erciscundæ*; il en est de même lorsque le possesseur d'une chose intente l'action *com. div.* et que son adversaire lui conteste la qualité de propriétaire. Enfin Paul nous dit, dans la loi 1, au D. *fin. reg*, que l'action *finium regundorum* tient lieu de la revendication. Voilà, disent les partisans de ce système, à quoi fait allusion notre paragraphe 20.

On fait une objection grave contre cette interprétation: « les rédacteurs des Inst. ont songé, non pas à un caractère accidentel de ces actions, mais à un caractère constant; leur pensée c'est que l'action est toujours et non pas quelquefois seulement *tam in rem quam in personam*; la nature d'une action se détermine par ses caractères essentiels et non accidentels.

Théophile dans sa paraphrase des Inst. de Justinien dit que l'action *familiæ erciscundæ* est mixte parce qu'elle a tout à la fois les caractères de l'action *in rem* et ceux de l'action *in personam*. Elle a les caractères de l'action *in rem, nam et actionis in rem proprietatem in se habet quod ea de rebus agatur : ex parte enim singuli coheredum domini sunt*; elle a les caractères de l'action *in personam* puisqu'elle contraindra les cohéritiers à l'exécution des obligations résultant de l'indivision. Il en dit autant de l'action *com. div.* et de l'action *finium regundorum*. Cette manière de voir est inexacte car la qualité de copropriétaire est présumée chez le demandeur, elle n'est point l'objet du litige, ce qui serait nécessaire pour reconnaître à l'action un caractère réel.

On a soutenu que ces actions, bien qu'elles fussent *in personam*, avaient cependant le caractère distinctif des actions *in rem* sous le rapport de la formule ; l'adjudication ne contenait pas les noms de toutes les parties et dès lors se trouvait rédigée *in rem* ; la formule étant *in personam* quant à l'*intentio* et *in rem* quant à l'*adjudicatio*, aurait été dite « mixta tam in rem quam in personam », et on aurait étendu cette qualification à l'action elle-même. Nous ne saurions admettre ce système, car rien ne prouve que cette qualification remonte au système formulaire, et si l'on peut dire que l'adjudication de la formule est rédigée *in rem*, ce n'est pas une raison suffisante pour dire que l'action est *in rem*.

Nous pensons que l'action *familiæ erciscundæ* est bien une action *in personam*, mais qu'elle a les caractères de l'action *in rem* au point de vue du pouvoir d'adjuger les choses héréditaires dont se trouve investi l'*arbiter familiæ erciscundæ*. Les jurisconsultes romains avaient en effet placé l'*adjudicatio* sur la même ligne que l'*arbitrium judicis* dans une action réelle ; il y a bien sans doute une différence entre ces deux choses, car l'*adjudicatio* crée des droits nouveaux tandis que l'*arbitrium* reconnaît des droits préexistants, mais pratiquement le résultat est le même et il ne faut pas s'étonner que Justinien ait

assimilé l'attribution judiciaire à la déclaration judiciaire de propriété. Les jurisconsultes romains eux-
mêmes ont confondu ces deux choses, ainsi que nous
le prouve un texte de Marcien qui forme la Loi 16,
§ 5, Digeste, livre XX, tit. 1. Cette interprétation se
trouve confirmée par la dernière partie de notre paragraphe 20 ; les rédacteurs des Institutes y déve-
loppent leur pensée : « in quibus tribus judiciis permittitur judici, rem alicui ex litigatoribus ex bono et
æquo adjudicare, et si unius pars prægravare videbitur eum invicem certa pecunia alteri condemnare.»
C'est parce qu'une adjudication est possible que nous
avons ici le caractère d'une action réelle.

Lorsque nous comparons l'action *familiæ erciscundæ* à la *petitio hereditatis*, nous voyons que, si
ces deux actions se ressemblent en ce que toutes
les deux ont pour objet l'hérédité, il y a cependant entre elles de nombreuses différences : Et
d'abord quant au but : la *petitio hereditatis* a pour but
de faire reconnaître au demandeur la qualité d'héritier que lui conteste le défendeur. Au contraire, l'action *familiæ erciscundæ* suppose cette qualité recon-
nue et elle n'est exercée que pour faire cesser
l'indivision ; c'est ce qui est exprimé par Ulpien dans
la loi 1, § 4, Dig. Liv. V, Tit. IV : « Si sibi controver-
siam non faciunt hereditatis, familiæ erciscundæ
experiri eos opportebit (nec obstat fragm. 37, Dig. familiæ erciscundæ.) »

En second lieu ces actions diffèrent par leurs caractères : La *petitio hereditatis* est réelle et arbitraire ;
Justinien dans le § 23 aux Institutes *de actionibus* l'a
rangée à tort dans les actions de bonne foi ; les jurisconsultes romains étaient divisés sur la question de
savoir si l'exception *doli mali* devait être insérée dans
la formule de la *petitio hereditatis* ou y était sous-
entendue. Justinien a cru trancher la controverse en
décidant que c'était une action de bonne foi.

Dans la *petitio hereditatis* il y a un demandeur et un
défendeur déterminés, en d'autres termes ce n'est pas
une action double. L'action *familiæ erciscundæ* ne peut
avoir pour objet directement au moins les créances
héréditaires ; il en est autrement de la *petitio hereditatis.* Quelle que soit l'opinion que l'on admette sur le
§ 20 des Inst. *de actio,* aucune d'elles ne convient à la
petitio hereditatis, bien que dans la loi 7, Cod. *de petit.
heredit.* cette dernière action soit qualifiée de *personalis
mixta actio.* Voici le sens de cette loi 7 : « La *petitio
hereditatis* est une action réelle, et cependant il arrive
quelquefois qu'elle produit les mêmes effets qu'une
action personnelle : ainsi supposons un héritier qui
veut introduire en justice une action *ex stipulatu*
contre un débiteur du défunt ; ce débiteur reconnaît
bien qu'il a contracté une dette envers le défunt, mais
il prétend que le demandeur n'a pas la qualité d'héritier et que cette qualité lui appartient à lui seul ;
dans ce cas le demandeur devra exercer la *petitio*

hereditatis, et quand il aura prouvé ses droits, le juge condamnera le débiteur à payer comme il l'aurait fait si l'action *ex stipulatu* avait été intentée.

En rapprochant l'action *familiæ erciscundæ* de l'action *communi dividundo*, nous voyons que ces deux actions ont la même cause, l'indivision, et le même but, la cessation de cet état ; mais elles diffèrent en ce que l'action *communi dividundo* a pour objet le partage de toute chose indivise, tandis que l'action *familiæ erciscundæ* n'a pour objet que les choses qui sont indivises en vertu d'une succession. Si l'action *communi dividundo* est générale, on n'aperçoit pas tout d'abord l'utilité de l'action *familiæ erciscundæ*. Cependant il était nécessaire, comme le dit Gaïus (Loi 1ère, *principium* au Dig., *fam. erc.*) de créer cette dernière action à côté de la première. Voici en quoi cela était nécessaire : l'action *communi dividundo* ne pouvait avoir pour objet que des choses individuellement déterminées, un cohéritier pouvait sans doute exercer cette action, mais il était obligé de l'exercer autant de fois qu'il y avait de choses individuellement déterminées dans la succession, d'où résultaient des lenteurs fort préjudiciables qui étaient évitées par l'exercice de l'action *familiæ erciscundæ* ; en effet, cette action avait pour objet une *universitas juris*, c'est-à-dire l'hérédité. Cette explication est confirmée par un texte d'Ulpien relatif à l'action *communi dividundo :* « Per hoc judicium corporalium rerum fit divisio, quorum rerum dominium habemus, non autem hereditatis (Loi 4 *prin.* Dig. *com. div.*). »

Il y a une autre différence entre les deux actions qui nous occupent, c'est que l'action *familiæ ercis-cundæ* ne peut être intentée qu'une seule fois ; tandis que l'action *Com. div.* peut l'être plusieurs fois. En effet, quand on a exercé une première fois l'action *familiæ erciscundæ*, cette action a eu pour objet l'hérédité ; c'est l'hérédité qui a été partagée; par conséquent elle n'existe plus. Si certaines choses sont restées dans l'indivision, il faudra exercer l'action *Com. div.* qui, désormais, sera seule possible.

Ces deux actions sont de bonne foi. Peu importe que la division ait été faite par *l'arbiter* ou à l'amiable, les copartageants sont garants de l'éviction et cela aussi bien dans un partage provoqué par l'action *Com. div.* que dans un partage provoqué par l'action *familiæ erciscundæ*; elles ont encore ce point de commun : c'est que si le partage a été fait *a non jure dato arbitro*, il pourra être ratifiée par le consentement des parties. Si un *coheres vel socius* achète quelque chose en son nom avec des deniers communs, cette chose n'appartient qu'à lui ; de plus ces deux actions sont doubles et civiles.

CHAPITRE II

DES PERSONNES A QUI ET CONTRE QUI EST DONNÉE L'ACTION FAMILIÆ ERCISCUNDÆ

Posons d'abord ce principe général qu'elle est donnée à tous ceux qui pourraient exercer la *petitio hereditatis* si on leur contestait leur qualité d'héritier. Elle appartient donc : 1° aux héritiers *ab intestat* ; 2° aux héritiers institués par testament ; 3° aux *bonorum possessores*, mais ceux-ci n'ont qu'une action *familiæ erciscundæ* utile ; il en est de même des esclaves et des *extranei* qui se sont fait envoyer en possession des biens héréditaires *libertatum servandarum causa* ; 4° aux fidéicommissaires à titre universel, quand ils recueillent leurs fidéicommis en vertu du S.-C. Trebellien ; mais ils n'ont qu'une action *familiæ erciscundæ* utile, car si leur droit était contesté, ils n'auraient que la *petitio hereditatis utilis* ; 5° A l'*emptor hereditatis* contre les cohéritiers de son vendeur et réciproquement, mais il ne s'agit encore ici que de l'action *familiæ erciscundæ utilis* ; 6° A l'adrogé impubère émancipé ou exhérédé *sine justa causa*, il réclamera la *quarte Antonine* par l'action *familiæ erciscundæ utilis*.

Les héritiers nécessaires ou siens et nécessaires peuvent intenter l'action *familiæ erciscundæ* immédiatement après la mort de leur auteur ; les héritiers externes au contraire ne peuvent l'intenter qu'après avoir fait adition d'hérédité. De plus, cette action n'est possible qu'entre personnes qui sont appelées à une seule et même succession : si nous supposons qu'un militaire institue des héritiers pour ses biens *castrens* et d'autres héritiers pour ses biens *non castrens*, il y a là deux sucessions tout à fait distinctes, d'où il résulte que les personnes appelées à recueillir l'une d'elles ne peuvent intenter l'action *familiæ erciscundæ* contre celles qui sont appelées à recueillir l'autre.

Pour exercer cette action, il faut des conditions de capacité ; supposons que des pupilles, des mineurs de vingt-cinq ans qui sont en curatelle et des prodigues soient intéressés dans un partage de succession. Veulent-ils prendre l'initiative et provoquer le partage, ils doivent être autorisés de leurs tuteurs ou assistés de leurs curateurs, cela leur suffira si la succession est mobilière ou si elle ne comprend que des *prædia urbana*; mais si elle comprend des *prædia suburbana*, cette autorisation ou cette assistance ne sera plus suffisante ; en effet, suivant un S.-C. rendu sous Septime-Sévère, il faut un décret du magistrat pour provoquer le partage de cette sorte de biens. Tel était le droit avant Constantin (Loi 1, § 2, D. Liv. XXVII, Tit. IX.). Cet empereur exigea le décret du magistrat même pour le partage d'une succession mobilière.

Quand les incapables défendent à cette action, le décret du magistrat n'est plus nécessaire ; en effet, nul n'est tenu de rester dans l'indivision, et le décret du magistrat n'était exigé que pour les aliénations volontaires. Cettedistinction s'applique au mari; lorsque la femme s'est constitué en dot, sans estimation des immeubles dans une succession indivise, le mari ne pourra pas intenter l'action *familiæ erciscundæ*, mais il peut y défendre, car la loi Julia ne défend que les aliénations volontaires. Dans le droit antérieur à Justinien, le mari peut sans aucun doute intenter l'action *familiæ erciscundæ* avec le consentement de la femme. En est-il encore ainsi sous Justinien ? La règle que nul n'est tenu de rester dans l'indivision fit maintenir sur ce point les règles anciennes. Que faut-il décider relativement à la participation de tous les héritiers à l'instance ? Nous avons sur ce point deux textes qui paraissent contradictoires : Dans la loi 2, § 4 Dig. *fam.*, *erc.*, Ulpien s'exprime en ces termes : « Dubitandum autem non est quin familiæ erciscundæ judicium et inter pauciores heredes ex pluribus accipi possit : Mais Paul dans ses sentences (Liv. I, Tit. XVIII, § 4), dit d'un autre côté : « Judex familiæ erciscundæ nec inter paucos coheredes, sed inter omnes dandus est, alioquin inutiliter datur.» La contradiction n'est qu'apparente : Ulpien suppose que parmi les cohéritiers il y en a qui veulent procéder au partage, d'autres qui veulent rester dans l'indivision ; ces derniers ne peuvent s'opposer à l'exercice de l'action *fam. erc.* Voici comment on procèdera : Le juge déterminera les lots de ceux qui veulent partager et laissera dans l'indivision les choses héréditaires réservées aux autres. Paul exprime cette idée que l'omission dans le partage d'un seul des cohéritiers entache ce partage de nullité.

CHAPITRE III

OPÉRATIONS ENTRANT DANS LA COMPÉTENCE DE L'ARBITER FAMILIÆ ERCISCUNDÆ.

L'*arbiter familiæ erciscundæ* devait s'occuper des choses de l'hérédité et des condamnations à prononcer contre l'un ou l'autre des cohéritiers en raison des obligations nées de l'état d'indivision : « Familiæ erciscundæ judicium ex duobus constat, id est rebus atque præstationibus.

Relativement aux choses de l'hérédité, l'*arbiter* ordonne le prélèvement de certaines choses au profit de l'un ou de l'autre des cohéritiers et procède au partage des choses restées dans l'hérédité. Nous nous occuperons dans un premier paragraphe des prélèvements que le juge doit ordonner ; dans un second, du partage des choses héréditaires, et dans un troisième, des fonctions du juge à raison des obligations que l'indivision a fait naître entre les cohéritiers.

§ I. — *Des prélèvements.*

Voici les principales causes des prélèvements :

1° Et d'abord commençons par la cause de prélèvement la plus fréquente, c'est-à-dire par le legs *per præceptionem* - L'opinion des Sabiniens sur le caractère de ce legs avait fini par triompher, l'héritier prélégataire n'acquérait qu'un simple droit de créance et ne pouvait intenter que l'action *familiæ erciscundæ* pour faire valoir son droit. L'objet du legs est-il une *res corporalis ?* le juge l'attribue directement au prélégataire ; nous lisons dans la loi 28 Dig. *Fam. Ercis.* que si cette chose est grevée d'hypothèques, le juge ordonne que la dette soit payée avec l'argent de la succession, d'où il résulte que le prélégataire supporte sa part dans la dette, et il n'y a pas à distinguer si le testateur a su ou ignoré que la chose était grevée d'hypothèque.

Le legs *per præceptionem* a-t-il pour objet une somme d'argent, l'héritier prélégataire fait confusion en sa personne de la part qui lui incombe en sa qualité d'héritier, et chacun de ses cohéritiers est tenu pour sa part héréditaire de l'exécution du legs. S'il n'y a pas assez d'argent dans la succession pour acquitter le legs, le juge fait vendre des choses héréditaires et le legs *per præceptionem* est acquitté avec l'argent provenant de cette vente.

2º Lorsqu'un fils de famille a contracté une obligation, il peut y avoir là une cause de prélèvement à son
profit quand plus tard il arrive à la succession de
son père avec d'autres héritiers. En effet le père est
obligé, si le fils a contracté sur son ordre, et on pourra
intenter contre lui l'action *quod jussu*, à laquelle il
faut assimiler à cet égard l'*actio exercitoria* et l'*actio
institoria* ; si le père avait confié à son fils l'administration d'un pécule, ou si l'opération du fils a profité
au père, celui-ci sera tenu des actions *de in rem verso*
ou *de peculio*, et si la dette dont il s'agit n'a pas été
acquittée à l'époque du partage de la succession, il y
aura lieu à un prélèvement au profit du fils de famille.

3º La dot doit être où sont les charges du mariage,
et réciproquement les charges du mariage doivent
être où se trouve la dot. Si le mari est sous la puissance paternelle, la dot appartient à son père qui devra
par conséquent supporter les charges du mariage. A
la mort du père ces charges incombent au fils qui
prélèvera la dot en sa qualité de mari et non en sa
qualité d'héritier ; s'il est exhérédé, les textes lui donnent une action utile pour s'approprier la dot, en
pareil cas ce n'est pas un prélèvement dans le sens
propre du mot que le mari exercera, puisque l'exhérédé n'a pas droit au partage des choses héréditaires.

Si le *de cujus* a reçu directement la dot, le fils la
prélève *in solidum*; si c'est celui-ci qui l'a reçue, il la
prélève *de in rem verso* ou *de peculio*. Pour que le

prélèvement ait lieu, il faut évidemment supposer que le fils n'est pas divorcé, car s'il l'était, il n'aurait plus de charges du mariage à supporter, et la cause du prélèvement cesserait.

4° Justinien nous montre une nouvelle cause de prélèvement dans la loi 12, Cod. Livre III, tit. XXXVIII: Un ascendant a fait une donation *propter nuptias* à son descendant ou lui a constitué une dot, puis les biens ainsi donnés ou constitués en dot lui ont fait retour, il décède et laisse parmi ses héritiers le descendant donataire ou au profit duquel il a constitué la dot ; Justinien décide que ce descendant pourra prélever les biens qu'il a tenus autrefois de son ascendant s'il a pour cohéritiers des étrangers. Mais si ces cohéritiers sont eux-mêmes des descendants, il faut faire une distinction: s'ils sont héritiers *ab intestat*, il n'y aura pas lieu au prélèvement, peu importe que les autres enfants aient ou n'aient pas reçu de dot ou de donation *propter nuptias*. Si au contraire ils sont héritiers testamentaires et s'ils en ont eux-mêmes reçu, le descendant prélève les choses qui lui ont été données *propter nuptias* ou constituées en dot, et cela était juste ; car dans les successions testamentaires il n'y avait pas lieu à la *collatio* des biens donnés. Justinien décida plus tard que la *collatio* serait due même dans les successions testamentaires et la cause de prélèvement disparut.

§ II. — *Partage des choses héréditaires.*

Au point de vue qui nous occupe, nous trouvons dans une hérédité trois catégories de choses : 1° les choses divisibles et qui sont divisées par la toute-puissance de la loi ; 2° les choses divisibles mais qui restent dans l'indivision tant qu'elles n'ont pas été partagées, et 3° les choses indivisibles.

Occupons-nous d'abord des choses divisibles qui sont divisées par la toute-puissance de la loi au jour de l'ouverture de la succession. Quand un créancier décède laissant plusieurs héritiers, sa créance si elle est divisible se divise de plein droit entre chaque cohéritier. La loi des 12 Tables fait cette division dès le moment même du décès ; la créance ne peut donc être l'objet direct de l'action *fam. ercis.* Si c'est le débiteur qui décède laissant plusieurs héritiers, la loi des 12 Tables opère encore de plein droit, la division de la dette entre chacun des héritiers.

Passons aux choses divisibles mais qui restent dans l'indivision tant qu'elles n'ont pas été partagées : elles peuvent se diviser en deux classes : les choses corporelles et les choses incorporelles.

Nous allons d'abord examiner les choses corporelles : toutes les choses corporelles dont le *de cujus* était propriétaire *ex jure quiritium* ou qui n'étaient qu'*in bonis ejus* entrent dans le partage, et peu importe qu'il en ait été propriétaire sous condition résolutoire ou sous condition suspensive. C'est ainsi que lorsqu'une chose a été léguée sous condition suspensive *per vindicationém*, le juge doit la mettre dans un lot, en supposant bien entendu que l'on adopte l'opinion des Sabiniens d'après lesquels la chose ainsi léguée appartient à l'hérédité *pendente conditione*. Les Proculéiens pensaient au contraire que la chose ainsi léguée était *res nullius pendente conditione*. A l'inverse nous lisons dans les lois 22, Dig. § 5, et 23 *fam. erc.*, que les choses du défunt prises par l'ennemi peuvent être l'objet du partage ; en effet, si elles sont reprises, elles seront en vertu du *jus postliminii* censées n'avoir jamais appartenu aux ennemis et avoir toujours été la propriété du défunt ou de ses héritiers ; la succession en est propriétaire sous condition suspensive, le juge les estimera au-dessous de leur valeur ou bien les héritiers donneront caution à leur cohéritier dans le lot duquel ces choses seront placées de l'indemniser si la condition ne se réalise pas.

Si le défunt a sur certaines choses corporelles des droits de superficie, de gage ou d'emphytéose, ces choses entreront encore dans le partage.

Lorsque le défunt possédait de bonne foi une chose qu'il était en voie d'usucaper, cette chose sera partagée bien que l'usucapion soit accomplie par les héritiers, car cette acquisition de propriété a sa cause dans un fait personnel au défunt. C'est par la même raison que le juge peut faire entrer dans un lot les choses corporelles dont le défunt était créancier, par exemple celles qu'il a achetées et qui ne lui étaient pas encore livrées au moment de sa mort.

Tous les accessoires des biens dont nous venons de parler peuvent entrer en partage, par exemple : l'alluvion, le part d'une esclave héréditaire, les fruits des choses héréditaires. Observons cependant que si les fruits ont été perçus par un cohéritier de bonne foi avant l'adition d'hérédité, ils ne seront pas partagés. Ils ne seront l'objet de l'action *fam. ercis.* que si le cohéritier qui les a perçus a été de mauvaise foi. Si la perception est postérieure à l'adition, le cohéritier devra toujours en rendre compte à ses cohéritiers.

Pour qu'un bien puisse faire l'objet de l'action *familiæ erciscundæ,* il ne suffit pas qu'il ait été héréditaire, il faut qu'il le soit encore actuellement. Si donc durant l'indivision un héritier a fait l'aliénation de sa part indivise dans une chose de la succession, cette part est désormais en dehors de l'hérédité; par conséquent elle ne pourra pas être l'objet de l'action *familiæ erciscundæ.* Mais les aliénations ne paralysent l'action *familiæ erciscundæ,* qu'autant qu'elles sont antérieures à la litiscontestation ; cette règle ne s'applique ni aux aliénations nécessaires, ni à celles qui avaient une cause antérieure à la *litis contestatio.*

Dans la loi 25, § 8, au Dig., nous voyons qu'un ju-

gement peut tout aussi bien qu'une aliénation enlever à une chose son caractère héréditaire : Supposons
deux cohéritiers Primus et Secundus ; Primus reven-
dique contre Tertius un immeuble qu'il prétend appartenir en entier à la succession, il succombe,
ensuite Secundus achète ce fonds de Tertius; si Primus demande à Secundus le partage de cet immeuble
par l'action *familiæ erciscundæ*, il sera repoussé par
l'exception de la chose jugée.

Nous allons parler maintenant des choses incorporelles et nous allons nous occuper de l'usufruit. Ce
droit peut être indivis entre cohéritiers dans deux cas:
1° Le testateur a légué la nue-propriété à un tiers,
alors l'usufruit reste indivis entre les cohéritiers ;
2° l'usufruit a été légué à l'esclave d'une hérédité
jacente déférée à plusieurs héritiers, le *dies cedit*
de ce legs étant fixé à l'époque où les héritiers
feront adition, le legs s'ouvrira à leur profit et l'objet légué sera dans l'indivision.

Dans ce cas il y aura lieu de procéder à la détermination de la part divise du fonds sur lequel portera
l'usufruit de chacun ; rigoureusement parlant, cela
est impossible, car cette opération aurait pour but de
faire passer sur la tête de chacun des ayants-droit une
portion d'usufruit appartenant auparavant à un autre,
ce qui serait contraire au principe que l'usufruit ne
peut être cédé. Tout ce que nous venons de dire s'applique également à l'usage.

Le juge sera donc obligé de recourir à des moyens détournés pour créer entre les parties une situation analogue à celles où elles se trouveraient placées par une attribution directe, et cela sans que l'usufruit soit déplacé.

Occupons-nous à présent des procédés à l'aide desquels le juge effectue le partage ; distinguons à cet égard les choses corporelles et les choses incorporelles.

Quant aux premières, le juge doit les estimer à leur juste valeur, se conformer aux volontés légalement manifestées du *de cujus*, et si celui-ci n'a pris aucune disposition à cet égard, le juge devra prendre en considération l'intérêt et les convenances des cohéritiers. Dans ce dernier cas il peut attribuer à chaque héritier dans chacun des objets héréditaires une part divise correspondant à sa part héréditaire, mais pour cela il faut que ces biens soient commodément partageables; s'ils ne le sont pas il fera l'attribution à chaque héritier d'un ou de plusieurs biens en totalité. Lors même que le partage de certaines choses est possible, le juge, peut néanmoins les mettre pour le tout dans un lot. Cela se présente, par exemple, lorsqu'un bien était indivis entre le défunt et un tiers et que l'indivision n'avait pas cessé lors de l'exercice de l'action *familiæ erciscundæ :* la chose ne sera pas divisée entre chaque héritier, car le tiers se trouverait dans l'indivision avec un grand nombre de copropriétaire et sa situation en serait aggravée.

L'*arbiter familiæ erciscundæ* peut grever un fonds mis dans un lot, d'une servitude prédiale au profit d'un fonds mis dans autre lot (loi 22, p. 3 : *fam. erc.*); mais l'attribution des deux fonds à chaque lot et la constitution de servitude doivent être concomitantes, autrement chaque fonds serait devenu la propriété libre de chacun des cohéritiers et n'aurait pu après coup être démembrée par une servitude (Loi 32, p. 3 *fam. erc.*).

Lorsque la composition des lots présente des inégalités, le juge les fait disparaître par des soultes qu'il met à la charge de l'héritier qui a le lot d'une valeur supérieure à celle des autres : Supposons par exemple que le *de cujus* a laissé quatre immeubles et trois héritiers, sur ces quatre immeubles il y en a trois qui sont d'égale valeur, le juge compose avec chacun d'eux le lot de chaque héritier ; reste le quatrième fonds qui n'est pas commodément partageable; le juge pourra l'attribuer en totalité à un héritier en l'obligeant à payer à ses cohéritiers à titre de soulte le prix de l'immeuble, déduction faite de la somme à laquelle il a droit comme héritier. Le juge pourra encore ordonner la licitation, c'est-à-dire la vente aux enchères de ce quatrième immeuble, et l'attribuer au cohéritier qui offrira le plus haut prix. Les étrangers peuvent être admis à surenchérir. Si un étranger se porte surenchérisseur, une difficulté apparaît: la compétence de l'*arbiter* ne s'étend qu'aux héritiers ; il ne

pourra donc pas attribuer le bien licité à l'étranger surenchérisseur et le condamner à payer le prix aux
héritiers. On a pensé que dans ce cas le juge se bornait
à établir les conditions d'achat et qu'ensuite les acquéreurs se transportaient devant le magistrat pour y
procéder à une *in jure cessio*. La loi 78, § 4, liv. XXIII,
t. III, corrobore cette conjecture ; en effet dans cette
loi on appelle *adjudicatus* celui des cohéritiers auquel
le fonds est attribué, et *addictus* l'étranger qui s'est
porté acquéreur, or l'expression *addictio* ne convient
qu'à l'attribution faite par le magistrat.

Si le défunt a laissé dans sa succession une chose
qui lui a été donnée en gage par un débiteur, le juge
peut la mettre en entier dans le lot d'un héritier, qui
acquiert ainsi le droit de gage pour le tout (Loi 29,
Dig. *fam. erc.*), et lui imposer l'obligation de payer à
ses cohéritiers le prix de cette attribution. Mais quel
en sera le chiffre ? Une distinction à cet égard se présente naturellement à la pensée : Si l'objet donné en
gage est d'une valeur supérieure à la créance, l'héritier qui s'est vu attribuer le gage devra payer à
chaque cohéritier sa part héréditaire dans la créance ;
si au contraire la valeur de cet objet est inférieure à la
créance, il devra payer à chaque cohéritier sa part
héréditaire dans le montant de cette valeur. Cette distinction qui découle logiquement des principes semble
n'avoir pas été faite par les textes : Ulpien dans la
loi 7, p. 12, *com. div.*, à propos de l'attribution totale

du gage à un cohéritier s'exprime ainsi : *Talis divisio fieri debet ut non vero pretio estimetur pars sed in tantum duntaxat quantum pro ea debetur.* Il semblerait résulter de ce texte que le cohéritier auquel le gage a été attribué doit payer à ses cohéritiers non leur part héréditaire dans la valeur du gage, mais leur part héréditaire dans le montant de la créance. Ce n'est pas dans ce sens qu'il faut entendre la loi qui nous occupe, le mot *duntaxat* nous en donne la signification. Quand Ulpien dit qu'il faut prendre comme base pour la détermination du prix à payer aux cohéritiers non la valeur du gage mais seulement la somme due, il suppose que la première est supérieure à la dernière. Le cas où la somme due est supérieure à la valeur du gage n'a pas été prévu par le jurisconsulte, il faut donc lui donner une solution conforme aux principes et à l'équité ; or n'est-il pas conforme à l'équité de dire que les cohéritiers dépouillés de leur droit de gage doivent être placés dans la même situation que si le gage avait été vendu.

Le débiteur ne va-t-il pas, en payant au cohéritier qui détient actuellement le gage sa part héréditaire dans la créance, pouvoir le contraindre à restituer le gage ? Cet héritier n'est-il pas dès lors exposé à perdre les déboursés qu'il a faits entre les mains de ses cohéritiers ; et n'a-t-il pas le droit d'exiger d'eux des cautions ? Non, ses intérêts sont sauvegardés par d'autres moyens. Il importe d'établir une distinction entre le cas où le partage a été provoqué contre lui ou par lui

1° Lorsque le partage a été provoqué contre lui nous devons faire une sous-distinction : si le débiteur exerce l'*actio pigneratitia directa* en offrant au détenteur du gage sa part héréditaire dans la créance et en réclamant tout le gage, il sera repoussé par l'*exceptio doli mali*. Mais si le débiteur en vertu de l'*actio pigneratitia directa* ne réclame la restitution du gage que pour la part héréditaire du défendeur, celui-ci pourra le contraindre à retirer tout le gage à la charge de lui rembourser les sommes qu'il a payées à ses cohéritiers ; et si le débiteur se refuse à les payer, il sera repoussé par l'*exceptio doli mali*.

De plus le cohéritier peut agir contre le débiteur pour le contraindre à reprendre possession de la chose donnée en gage moyennant le remboursement des sommes qu'il a payées à ses cohéritiers ; cela résulte de la loi 29. Dig. *fam. ercis.* « Ultro est etiam actio creditori. » Quelle est donc cette action ? Suivant Accurse, c'est l'action *negotiorum gestorum contraria ;* nous ne pensons pas que cette opinion soit exacte, car le demandeur n'a pas eu l'intention de gérer les affaires du débiteur en recevant dans son lot la totalité du gage et en payant à ses cohéritiers le prix fixé par le juge. Cujas pensait que c'était l'action *pigneratitia contraria* qui devait être intentée dans ce cas ; cette opinion nous paraît conforme aux principes ; en effet, il est de principe que le créancier gagiste qui a fait des dépenses pour la conservation du gage peut exercer l'action *pigneratitia contraria* pour se les faire rembourser par le débiteur, et l'on peut dire que les sommes payées aux cohéritiers constituent des dépenses nécessaires quand le partage a été provoqué contre l'héritier qui détient actuellement le gage.

2° C'est l'héritier auquel la totalité de la chose a été attribuée qui a provoqué le partage : si le débiteur exerce l'*actio pigneratitia directa* et prétend recouvrer tout le gage en ne payant au cohéritier que sa part héréditaire dans la créance, celui-ci le repoussera par l'*exceptio doli mali*. En sera-t-il de même si le débiteur ne réclame à l'héritier que la restitution de la part de ce dernier dans le gage ? et s'il reste dans l'inaction, pourra-t-il être poursuivi par l'*actio pigneratitia contraria* ? La loi 7, p. 13, Dig, *com. div.* tranche la question dans le sens de la négative pour l'action *communi dividundo*, et la raison en est que le copartageant ne peut pas ici se prévaloir de la nécessité où il a été de se charger du gage, puisqu'il a volontairement provoqué le partage.

Doit-on appliquer cette solution au cas où l'héritier a intenté l'action *familiæ erciscundæ* ? On a soutenu la négative, et voici la différence qu'on a faite entre les deux actions : celui qui provoque un partage par l'action *communi dividundo* porte son intention sur l'aliénation ou l'acquisition dont il est le promoteur, c'est donc une aliénation ou une acquisition volontaire. Au contraire, celui qui intente l'action *familiæ erciscundæ* ne porte pas spécialement son intention sur l'acquisition ou l'aliénation de tel objet héréditaire, il veut avant tout sortir de l'indivision. (M. De mangeat, *Fonds dotal*, page 296.)

Nous ne pensons pas que cette distinction doive être adoptée; la loi 1, § 2, Dig., liv. XXVII, T. IX, nous paraît s'y opposer : ce texte est relatif au sénatus-consulte rendu sous Septime-Sévère défendant aux tuteurs d'aliéner sans décret du magistrat les fonds ruraux qui appartenaient à leurs pupilles ; le jurisconsulte décide que le tuteur ne peut provoquer le partage d'un fonds rural sans y être autorisé par un décret du magistrat, parce qu'il ferait une aliénation volontaire, et il ne distingue pas entre les partages qui sont effectués en vertu de l'action *communi dividundo* ou en vertu de l'action *familiæ erciscundæ*.

Nous allons examiner maintenant les opérations de partages auxquelles procède le juge relativement aux choses incorporelles qui se trouvent dans la succession.

Nous avons déjà dit qu'il était impossible de partager directement un droit d'usufruit indivis ; il faut donc avoir recours à des moyens indirects : S'agit-il d'immeubles, le juge peut en ordonner la location, et les cohéritiers se partageront les loyers ou fermages ; de plus, il peut décider que chacun des cohéritiers donnera caution de laisser tel ou tel des autres exercer à sa place la portion d'usufruit qui lui appartient sur une partie divise du fonds, le droit lui-même demeurant attaché à la personne. S'agit-il de meubles, il peut décider que chaque cohéritier pourra en jouir alternativement durant un certain temps et leur imposer la nécessité de se donner respectivement caution.

S'il s'agit de partager un droit d'usage, la difficulté devient encore plus grande, car la personnalité du droit se complique de son indivisibilité. La loi 18, § 1 Dig. *Com. Div.* porte que le juge pourra ordonner la location des objets soumis au droit d'usage, afin que les loyers se répartissent proportionnellement entre les héritiers; c'est là une dérogation au droit commun justifiée par l'utilité pratique.

Passons aux choses qui sont divisibles mais qui sont divisées par la toute-puissance de la loi du jour de l'ouverture de la succession. Quand un créancier décède laissant plusieurs héritiers, sa créance, si elle est divisible, est divisée de plein droit entre chaque cohéritier (*Loi des 12 Tables*), elle ne peut donc pas être l'objet direct de l'action *familiæ erciscundæ*; mais le juge peut décider qu'elle sera exercée pour le tout par un seul héritier qui en aura le profit et ordonner aux autres de le constituer *procurator in rem suam*. Si c'est le débiteur qui est décédé laissant plusieurs héritiers, la loi divise la dette entre eux de plein droit; mais l'*arbiter* peut imposer le poids de

la dette à un seul héritier qui se constituera *procurator in rem suam* pour défendre ses cohéritiers
contre les poursuites que le créancier pourrait intenter contre eux pour leur portion héréditaire.

Lersque la créance a pour objet une chose indivise
comme une servitude de passage et que le créancier
meurt laissant plusieurs héritiers, on aurait pu croire
que la stipulation était frappée de caducité, ainsi que
cela se produit lorsqu'un propriétaire qui a stipulé
une servitude au profit de son fonds aliène ce fonds
pour portion indivise. Mais quand le propriétaire
unique est mort laissant plusieurs héritiers, il n'en
est plus de même, car dans cette hypothèse l'indivision qui s'établit après la stipulation n'est pas le fait
volontaire du stipulant. Chaque cohéritier peut exercer pour le tout l'*actio ex stipulatu* contre le débiteur,
il ne peut pas réclamer que sa part, la nature de la
chose stipulée s'y oppose.

La nature de la chose empêche également que la
créance soit comprise dans le partage ; le juge ne
doit pas s'en occuper davantage en ce sens qu'il ne
doit pas ordonner aux cohéritiers de se donner mutuellement caution pour le cas où l'un d'eux aurait
touché la totalité, en effet chaque héritier pourra
bien poursuivre le débiteur pour la totalité, mais il
n'obtiendra une condamnation pécuniaire que pour sa
part.

Si c'est le débiteur qui est mort, il n'est pas douteux que la stipulation reste valable ; chacun des héritiers pourra donc être actionné pour le tout et ici la condamnation aura lieu pour la totalité. Après avoir exécuté la condamnation, l'héritier exercera un recours contre ses cohéritiers ; il ne pourra plus intenter l'action *familiæ erciscundæ*, car elle est épuisée, aussi les héritiers doivent-ils prendre vis-à-vis l'un de l'autre l'engagement d'indemniser ultérieurement celui d'entre eux qui sera condamné.

Nous avons examiné les diverses opérations auxquelles peut procéder l'*arbiter familiæ erciscundæ* relativement au partage ; nous indiquerons maintenant les procédés dont il se sert pour les mener à bonne fin.

Quant aux choses qui sont directement susceptibles de partage, le juge en prononce l'adjudication d'après les pouvoirs qui lui sont donnés par cette partie de la formule qu'on appelle *adjudicatio* : *Quantum adjudicari opportet, judex adjudicato.*

Quand l'*arbiter familiæ erciscundæ* adjuge le *fundum* à l'un des héritiers et l'*usumfructum* à un autre, celui-ci aura tout l'usufruit et le premier n'aura que la nue-propriété. Sous ce point de vue l'adjudication diffère du legs *per vindicationem* ; si le testateur a légué à Primus le *fundum* et à Secundus l'*usumfructum*, l'usufruit sera indivis entre les deux légataires.

L'*arbiter familiæ erciscundæ* peut-il par son *adju-*

dicatio conférer des droits sous certaines modalités ?
Occupons-nous d'abord du droit de propriété : elle ne
peut pas être adjugée *ad certum tempus vel ad cer-*
tam conditionem : actus legitimi neque diem neque
conditionem recipiunt (loi 77 *de reg. juris.*) Cette loi
ne comprend pas l'adjudication dans son énumération
des *actus legitimi* ; mais cette énumération n'est qu'é-
nonciative, et nous pouvons dire que l'adjudication est
un *actus legitimus.* Même en faisant abstraction de ce
caractère d'*actus legitimus* de l'adjudication et en vertu du principe que la propriété ne peut pas être transférée à temps, la plupart des jurisconsultes romains
décidaient que les modes d'aliéner la propriété étaient
nuls s'ils étaient affectés d'une semblable modalité.
Ulpien combattait cette doctrine et pensait que la propriété pouvait être transférée *ad certum tempus* ou *ad*
certam conditionem ; L. 41 *de rei vindicatione* D. L. 3,
§ 4 *de in diem, add.* L. 29, D. *de mortis causa* ; mais
il devait limiter son opinion au cas où il s'agissait de
modes d'aliénation qui n'étaient pas des *actus legitimi.*
L'opinion d'Ulpien a été législativement consacrée
par Justinien, cela résulte de l'insertion dans le Digeste des textes où elle se trouve exposée et surtout
des changements que les rédacteurs du code de Justinien ont fait subir à une constitution de Dioclétien
et de Maximien dont le texte original se trouve dans
les fragments du Vatican § 283. Il s'agit dans ce texte
d'une donation à cause de mort accomplie par tra-

ditiou sous la condition résolutoire de la survie du donateur, nous y voyons que cette donation est nulle *quum ad tempus proprietas transferri nequiverit.* Cette constitution se retrouve au Code dans la loi 3, *de don. quæ sub modo* avec une solution entièrement contraire, la donation y est déclarée valable, attendu, disent les compilateurs, que la propriété peut être transférée à temps ; mais l'innovation de Justinien ne s'étend pas aux *actus legitimi,* car ici ce n'est pas la nature du droit mais la nature de l'acte qui empêche que la propriété soit transférée temporairement.

Passons au droit d'usufruit : l'usufruit pouvait être adjugé *ad certum tempus vel ad certam conditionem* (§ 48 frag. Vat.) Pouvait-il l'être *ex certo tempore ?* Oui, d'après Ulpien (Loi 16, § 2 Dig. *fam. erc.*); non, d'après Paul (§ 49 frag. Vat.). L'opinion d'Ulpien nous paraît avoir été consacrée par Justinien, puisque les compilateurs des Pandectes n'y ont inséré que le fragment d'Ulpien. Nous ne pensons pas que l'usufruit puisse être adjugé *ex certa conditione.*

Le second procédé que le juge emploie pour établir l'égalité entre les héritiers, consiste en condamnations pécuniaires prononcées à l'encontre les uns des autres, à l'effet de corriger les inégalités que peut présenter la composition des lots. Pour les choses divisibles en elles-mêmes mais qui ne peuvent pas être adjugées, comme un usufruit indivisis, *l'arbiter* a le droit d'imposer des cautions aux cohéritiers. S'il s'agit

d'une chose indivisible, il peut y avoir encore lieu à
l'application du système des cautions. Quand le débiteur d'une obligation indivisible est décédé, laissant
plusieurs héritiers, chaque héritier peut être poursuivi pour le tout et se trouve exposé à tout payer ;
il interviendra entre les cohéritiers des stipulations
réciproques par lesquelles chacun d'eux prendra l'engagement d'indemniser celui qui paiera toute la
dette.

§ III. — *Fonction de l'arbiter à raison des obligations que l'état d'indivision a fait naître entre les
cohéritiers.*

Ces obligations ont pour objet la répartition des
pertes subies par un cohéritier, ou la répartition des
bénéfices qu'il a réalisés ; il est possible qu'elles soient
nées à raison d'un dol ou d'une faute, ou qu'elles ne
supposent aucun fait illicite.

1º *Prestations dues par les cohéritiers à raison
des pertes subies ou des bénéfices réalisés par l'un
d'eux sans qu'il y ait un fait illicite.*

Si un cohéritier a fait de ses deniers des dépenses
sur les choses de la succession, il exercera l'action
familiæ erciscundæ pour recouvrer ses déboursés ;
mais il faut la réunion de plusieurs conditions pour
l'exercice de cette action : Et d'abord l'obligation qui
incombe de ce chef aux autres héritiers doit avoir sa

source directe et immédiate dans l'état d'indivision ;
en second lieu les dépenses doivent être nécessaires ou
au moins utiles ; le § 3 Inst. Liv. III, T. XXVII semble
au premier abord exprimer l'idée que les dépenses
utiles ne doivent pas être prises en considération,
mais les textes du Digeste parlent de dépenses en
général sans distinction entre celles qui sont nécessaires et celles qui sont simplement utiles : cependant
l'héritier qui a fait les dépenses simplement utiles,
les supporte seul quand il les a faites sur un objet
soumis à la *collatio dotis* (Loi 1, § 5, Dig. Liv. XXXVII
Tit. VII.). Pour apprécier l'utilité des dépenses il faut
se placer au moment où elles ont été faites.

L'héritier qui a fait les dépenses a pu agir avec
diverses intentions. S'il a su qu'il y avait indivision
entre lui et d'autres personnes qu'il connaissait, il
peut sans aucun doute se faire rembourser par l'action *familiæ erciscundæ* ; mais si, connaissant l'indivision, il s'est trompé sur la personne de son cohéritier, il ne pourra plus intenter que l'action *familiæ
erciscundæ* utile (L. 6 et 29, Com. div. Dig.). Lorsqu'il
s'est cru seul héritier, et qu'il est en possession des
choses héréditaires, si l'on exerce contre lui l'action
familiæ erciscundæ, il pourra invoquer l'*exceptio
doli mali* sous-entendue dans la formule, et contraindre ainsi ses cohéritiers à l'indemniser. Mais
pourra-t-il prendre les devants en intentant une action ? Il ne pourra certainement pas exercer l'action

familiæ erciscundæ directe, il y a plus, il ne pourra pas même exercer l'action *familiæ erciscundæ* utile, car il n'a voulu obliger personne (Loi 29, Dig. *fam· erc.*).

Pour donner lieu à l'action *familiæ erciscundæ*, les dépenses doivent être de telle nature qu'en les faisant, l'héritier n'ait pas pu séparer son intérêt de celui de ses cohéritiers. Si la séparation d'intérêts a été possible, il y a lieu à *l'actio negotiorum gestorum contraria*. Supposons par exemple une dette d'une somme d'argent contractée par le défunt avec une clause pénale, si un seul des héritiers a payé la totalité de la dette, il pourra exercer son recours par l'action *familiæ erciscundæ*, car s'il n'avait payé que sa part et que ses cohéritiers n'eussent pas payé la leur, il aurait encouru la clause pénale ; son intérêt était donc lié à celui de ses cohéritiers ; s'il n'y avait pas eu de clause pénale et qu'il eût payé toute la dette, il ne pourrait agir contre ses cohéritiers que par l'action *negotiorum gestorum contraria*, car ici son intérêt était distinct de celui de ses cohéritiers. Lorsqu'un héritier se conduit comme un *negotiorum gestor* et qu'il doit agir par l'action *negotiorum gestorum contraria*, il est responsable de sa *culpa in abstracto*, lors au contraire qu'il agit comme communiste et qu'il a droit à l'action *familiæ erciscundæ*, il ne répond que de sa *culpa in concreto*.

Dans le cas où l'héritier peut intenter l'action *ne-*

gotiorum gestorum contraria, parce que son intérêt pouvait être séparé de celui des autres, il ne peut recourir à l'action *familiæ erciscundæ*; la réciproque est-elle vraie? Voët a soutenu que l'action *familiæ erciscundæ* pouvait être remplacée par l'action *negotiorum gestorum contraria*; en effet, dit-il, les textes excluent bien la première de ces deux actions quand l'héritier s'est conduit comme *negotiorum gestor*; mais quand il s'est comporté en communiste, ils donnent l'action *familiæ erciscundæ*, sans repousser l'action *negotiorum gestorum contraria*. Voët s'appuie sur la loi 8, § I, Code Liv. III, Tit. XXXVI ainsi conçue : « In communi autem hereditate quin sumptus ab uno facti bona fide familiæ erciscundæ judicio, vel negotiorum gestorum actione servari possint, non est ambiguum, » et sur la loi 3, Cod. Liv. II., Tit. XIX qui porte : « Sive pro fratre cohærede pecuniam solvisti, negotiorum gestorum actione experiri potes, sive pignoris liberandi gratia debitum universum solvere coactus es, actionem eamdem habebis, vel judicio familiæ erciscundæ, si non est inter vos redditum, eam quantitatem assequeris. »

Nous ne pensons pas que la doctrine de Voët doive prévaloir; en effet, il n'y a *negotiorum gestio* que lorsque celui qui s'est immiscé dans les affaires d'autrui, l'a fait librement et dans le but d'être utile à celui dont il a géré l'affaire; or, dans l'espèce où nous raisonnons, l'héritier n'a fait l'affaire de ses cohéritiers que parce qu'il y a été forcé par la nature des dépenses. Le texte de la loi 8 ci-dessus transcrit, doit être entendu en ce sens que l'héritier doit exercer suivant les circonstances, tantôt l'action *familiæ erciscundæ*, tantôt l'action *negotiorum gestorum*. En ce qui touche la loi 3, Cod. Liv. II., Tit. XIX, Cujas en a donné, pensons-nous, l'explication véritable : il s'agit d'un héritier qui a payé la totalité de la somme due à un créancier hypothécaire, il a par là même éteint deux actions : l'action personnelle et l'action hypothécaire ; en tant qu'il a éteint l'action personnelle, il a pu séparer son intérêt de celui de ses cohéritiers ; en tant qu'il a éteint l'action hypothécaire, son intérêt était lié à celui des autres héritiers ; il peut donc, lorsqu'il exerce son recours contre ses cohéritiers, se placer à l'un ou à l'autre de ces deux points de vue.

Arrivons aux bénéfices qui ont été réalisés par un seul héritier. S'ils ont leur cause dans l'indivision *l'arbiter* de l'action *fam. erc.* contraindra l'héritier à y faire participer ses cohéritiers, mais il faudra pour cela que l'héritier n'ait pas pu séparer son intérêt de celui des autres. Si la séparation des intérêts a été possible, les cohéritiers devront intenter l'action *negotiorum gestorum directa*.

2° *Prestations dues à raison des pertes subies ou des bénéfices réalisés par l'un des héritiers lorsque celui-ci a commis une faute.*

L'action *familiæ erciscundæ* étant une action de
bonne foi il en résulte que les cohéritiers sont respon-
sables aussi bien de leurs fautes *in omittendo* que de
leurs fautes *in committendo.* Ainsi l'héritier qui,
ayant fait adition avant les autres, a laissé s'éteindre
par le non-usage une servitude au profit d'un fonds
héréditaire, doit indemniser ses cohéritiers.

Chaque héritier est tenu d'apporter à la gestion de
la chose commune les soins qu'il a pour ses propres
affaires, il ne répond que de la *culpa in concreto*
(Loi XXV, § 6, *fam. ercis. Dig.*).

Les faits illicites *in committendo* peuvent consister
dans des délits spéciaux : tels qu'un *furtum*, un *damnum injuria datum*, si l'un des cohéritiers a commis
un *furtum* sur une chose de l'hérédité, l'*arbiter fam.
ercis.* le condamne à indemniser ses cohéritiers, mais
la condamnation ne sera ni au double ni au quadruple , car l'action *familiæ erciscundæ* est une
actio rei persecutoria. Mais les héritiers pourront
encore intenter l'action *furti* contre le voleur et obtenir le double ou le quadruple après avoir exercé
l'action *familiæ erciscundæ* ; s'ils avaient commencé
par l'action *furti,* ils pourraient plus tard exercer
l'action *familiæ erciscundæ;* car ces deux actions ont
un but différent : l'une un but purement pénal ; l'autre
une pure indemnité.

Si le délit commis par l'un des héritiers est un
damnum injuria datum, deux cas sont possibles : le

fait de l'héritier constitue de sa part une *culpa in concreto* ou une *culpa in abstracto*. Au premier cas la réparation du dommage peut-être obtenue par l'action *familiæ erciscundæ* (Loi 16, § 5, Dig. *fam. ercis.*); la condamation sera le *id quanti interest*, et on se place pour l'apprécier à l'époque où le délit a été commis. On pourrait faire suivre l'action *familiæ erciscundæ* de l'action de la loi Aquilia, mais les héritiers n'obtiendront par cette dernière action que la différence entre le *quanti interest* déjà obtenu par l'action *fam. ercis.* et le montant de la condamnation qu'ils auraient obtenu s'ils avaient commencé par l'action *legis Aquiliæ*. Au second cas l'*arbiter* de l'action *fam. ercis.* ne doit pas s'occuper de la responsabilité de l'héritier, car il ne peut tenir compte que des fautes qui consistent à ne pas apporter aux affaires de la succession les mêmes soins qu'aux siennes propres.

Ce n'est qu'accessoirement aux opérations par lesquelles il procède soit au partage soit au prélèvement des choses héréditaires que le juge de l'action *familiæ erciscundæ* s'occupe le plus souvent des prestations personnelles que les cohéritiers peuvent se devoir les uns aux autres ; mais l'action *fam. ercis.* peut être exercée au principal pour obtenir l'exécution des obligations dont nous venons de parler. C'est ce qui arrive lorsque les cohéritiers ont partagé à l'amiable les choses héréditaires, ou lorsque les biens héréditaires sont venus à périr. Si les héritiers ont fait un partage judiciaire sans se réclamer les indemnités qu'ils se doivent les uns aux autres, quelle action pourront-ils intenter pour recouvrer ces indemnités ? Pothier leur accorde l'action *negotiorum gestorum directa vel contraria ;* cela est vrai si l'intérêt de l'héritier qui poursuit le recouvrement n'était pas lié à celui de ses cohéritiers. Mais si ces intérêts étaient inséparables, nous pensons que ce sera l'action *communi dividundo* qui devra être employée pour le règlement ultérieur des comptes que les cohéritiers peuvent se devoir. Argt. loi 20, D. *fam. erc).*

En effet la question de savoir si le recouvrement de la dépense doit se faire par l'action *negotiorum gestorum* dépend du caractère dont cette dépense a été revêtue à l'origine.

CHAPITRE IV

DES FINS DE NON-RECEVOIR QUE L'ON PEUT OPPOSER A L'ACTION FAMILIÆ ERCISCUNDÆ

Nous les diviserons en deux classes : 1° celles qui tendent à son rejet définitif ; 2° celles qui tendent à l'écarter provisoirement.

§ I. — *Fins de non-recevoir qui tendent au rejet
définitif de l'action familiæ erciscundæ.*

Ces fins de non-recevoir ont plusieurs causes :

L'un des cohéritiers prétend : 1° ou que l'indivision
n'existe pas ; 2° ou qu'elle a cessé d'exister ; 3° ou
bien qu'il a été convenu entre les cohéritiers qu'ils
resteraient pendant un certain temps dans l'indivision.

1. — L'indivision n'existe pas : Le testateur a institué plusieurs héritiers et il leur a fait des legs *per
præceptionem* ; s'il était propriétaire *ex jure quiritium* des choses léguées, les effets de ce legs étaient
appréciés différemment par les Sabiniens et les Proculéiens. Suivant les Sabiniens, les légataires n'ont
qu'un droit de créance, d'où il suit que les objets légués étaient dans l'indivision ; la propriété n'était
transférée aux légataires que par l'adjudication, ils
devaient donc procéder les uns à l'encontre des
autres par l'action *familiæ erciscundæ* à laquelle la
fin de non-recevoir dont nous nous occupons ne pouvait être opposée. D'après les Proculéiens au contraire
le legs *per præceptionem* était assimilé au legs *per
vindicationem;* par le seul fait de l'adition les héritiers devenaient donc propriétaires des choses à eux
éguées ; il n'y avait jamais eu d'indivision entre eux,
et par conséquent ils devaient intenter le *réi vindicatio* et non l'action *familiæ erciscundæ,* et si le de-

mandeur intentait cette dernière, une fin de non-recevoir s'élevait contre lui.

Si les biens légués n'étaient qu'*in bonis* du testateur les deux écoles étaient d'accord pour admettre que la propriété n'était pas transférée et que les cohéritiers n'avaient qu'un droit de créance qu'ils faisaient valoir par l'action *familiæ erciscundæ*.

II. — L'indivision a cessé d'exister : Cela peut se présenter dans quatre cas : Premièrement : L'un des deux cohéritiers a renoncé au profit de l'autre, si le renonçant veut intenter l'action *familiæ erciscundæ* il sera repoussé par l'exception *pacti conventi*. Deuxiè-mement:Il a déjà été procédé à un partage à l'amiable; nous distinguerons dans ce cas s'il n'y a eu qu'un simple projet de partage ou si le partage est con-sommé. La consommation du partage suppose que les cohéritiers se sont fait mutuellement tradition, man-cipation ou *in jure* cession des choses héréditaires qui doivent composer le lot de chacun ; il est alors in-tervenu entre les cohéritiers un contrat *do ut des* pro-duisant une action *præscriptis verbis* et une fin de non-recevoir tirée de la consommation du partage à l'amiable contre l'action *familiæ erciscundæ*. S'il y a eu simple convention de partage non suivie d'exécution, il n'y a pas là de contrat mais un pacte qui ne donne aucune action et qui n'engendre ni l'exception *pacti conventi*, ni l'exception *doli mali* contre l'action *fami-liæ erciscundæ*. La raison en est qu'il y a toujours

indivision et que par conséquent il y a toujours lieu à
l'exercice de l'action *familiæ erciscundæ*, mais comme
cette action est une action de bonne foi, le juge tiendra
compte du pacte et déterminera les lots selon les conventions : Troisièmement : L'action *familiæ erciscundæ*
a déjà été exercée : Si on voulait intenter cette action
une seconde fois, on serait écarté par une fin de non-
recevoir fondée sur ce que l'hérédité considérée comme
universitas juris n'est plus indivise (Loi 20, § 4, Dig.
fam. erc.). Cette décision paraît contredite par la loi 1
au Code, Livre III, tit. XXXVI. « Si non omnem pater-
nam hereditatem ex consensu divisisti, nec super ea
re sententia dicta vel transactio consecuta est, judicio
familiæ erciscundæ potest experiri. »

Merlin au mot licitation § 2, n° 2, propose la conci-
liation suivante : « La loi 1 au Code doit être restreinte
au cas où le partage extrajudiciaire est resté impar-
fait non-seulement en ce qu'on n'y a pas compris tel
ou tel bien, mais encore en ce qu'on n'a pas liquidé
les dettes, en ce qu'on n'a pas déterminé la part pour
laquelle chacun des héritiers doit y contribuer, ou
enfin en ce qu'on a d'une manière quelconque laissé
une universalité indivise entre eux. » Merlin part de
cette idée que dans l'hypothèse prévue par la loi 1 il
y a eu un partage extrajudiciaire incomplet ; que s'il
avait été complet, il n'aurait plus été possible d'intenter l'action *familiæ erciscundæ* ; mais, d'après lui,
comme l'opération était incomplète en ce qui touchait

les dettes héréditaires, cette action était encore possible.
Cette explication n'est pas admissible, car aucune des
circonstances relevées par Merlin ne se trouve indiquée
dans le texte ; de plus le partage extrajudiciaire à
supposer qu'il eût été parfait au point de vue indiqué
par Merlin, n'aurait pas empêché plus tard l'exercice
de l'action *familiæ erciscundæ*. En effet quand les cohéritiers font un partage à l'amiable, ils ne partagent
pas l'hérédité, mais des objets considérés *in singuli ;*
d'où il résulte que, si certains d'entre eux sont restés
indivis, l'action *familiæ erciscundæ* sera utilement
intentée, c'est là ce que suppose notre texte.

On a donné une troisième explication de la loi 1 au
Cod. liv. III, tit. XXXVI. Des interprètes ont soutenu,
en s'appuyant sur la loi 20, D. § 4 *famil. ercis.* que
l'action *familiæ erciscundæ* peut être exercée plusieurs
fois quand les objets que l'on veut partager sont indivis par suite de l'indivision primitive ; que si au contraire les parties ont maintenu l'indivision partielle
dans un but spécial, cette indivision ne peut cesser
que par l'action *com. divid.*. Dans la loi 20 le jurisconsulte dit que l'action *familiæ erciscundæ* ne peut
être exercée qu'une seule fois : *nisi causa cognita ;*
ainsi pour savoir si l'action *familiæ ercis.* peut être
intentée de nouveau, le magistrat devait procéder à
une *causæ cognitio* et accorder l'action une deuxième
fois ou la refuser suivant la distinction ci-dessus indiquée. Ce système est contraire aux principes, car

lorsqu'on a exercé l'action *familiæ erciscundæ*, les héritiers ont partagé l'universalité juridique, la succession n'existe plus ; quelle que soit la cause de l'indivision des objets qui restent à partager. Ces expressions *nisi causâ cognitâ* signifient que le magistrat peut délivrer une seconde fois la formule de l'action *familiæ ercisc.* en connaissance de cause lorsque le premier partage judiciaire peut être rescindé par une *in integrum restitutio*. La prescription s'appliquait-elle à l'action *familiæ erciscundæ* ? Avant Théodose le Jeune cette action était perpétuelle, cela est admis sans difficulté. Théodose vint décider que les actions civiles se prescriraient par 30 ans ; on avait débattu aux époques antérieures à Justinien la question de savoir si cette innovation s'appliquait à l'action en partage de succession. Justinien tranche le débat en s'exprimant ainsi : « Nemo itaque audeat neque actionis familiæ erciscundæ, neque alterius cujuscumque personalis actionis vitam longiorem esse triginta annis interpretari. » (Loi 1, § 1. Co. Li. 7, Tit. 40). A le prendre à la lettre, ce texte signifie que l'action *fam. ercis.* doit être écartée au bout de trente ans ; mais s'il en est ainsi la prescription va directement contre son but : instituée pour mettre fin au procès, elle va perpétuer un état de choses qui est une véritable source de contestations. D'ailleurs comment la prescription pourrait-elle avoir plus de puissance que la convention elle-même ? Aussi des interprêtes distingués ont-ils repoussé cette interprétation littérale. Voët prétend que Justinien prévoit dans ce texte le cas où l'un des cohéritiers a possédé seul en qualité d'unique héritier la succession totale ; si au bout de 30 ans on exerce contre lui l'action *familiæ erciscundæ*, il la repoussera par la *præscriptio longi temporis* ; il est difficile de concilier cette opinion avec le texte qui nous occupe ; la possession de la chose par un seul des cohéritiers n'est pas relevée dans la constitution.

M. de Savigny dit que l'action *fam. erc.* est prescrite par 30 ans, non pas en ce sens qu'on ne pourra plus l'exercer pour sortir de l'indivision, mais en ce sens qu'on ne pourra plus l'intenter à l'effet de réclamer l'exécution des obligations qui naissent de cet état. Cette explication nous paraît préférable à celle de Voët.

III. — Nous allons parler maintenant du cas où les cohéritiers sont convenus de rester dans l'indivision.

Si la convention a été faite pour toujours elle est nulle, car elle tend à perpétuer une situation qui est contraire à l'ordre public ; si au contraire elle n'a été faite que pour un certain temps elle élève une fin de non-recevoir contre l'action *fam. ercis.* intentée avant l'expiration du délai ; le demandeur sera repoussé par l'exception *pacti conventi*.

Aucun texte n'a limité le temps pendant lequel on

pouvait convenir de rester dans l'indivision, d'où il suit que les parties avaient une entière liberté ; ce système était aussi celui de notre ancien droit. Les rédacteurs du Code Napoléon ont agi plus sagement quand ils ont décidé que les parties ne pourraient pas convenir de laisser les biens dans l'indivision pendant un délai de plus de 5 ans.

Le testateur pouvait-il imposer aux héritiers institués l'obligation de rester dans l'indivision ? Il ne le pouvait pas pour toujours cela est incontestable. Mais le pouvait-il pour un certain temps ? Les jurisconsultes romains n'avaient prévu la question que pour le cas où le testateur avait institué des héritiers externes, ils décidaient que la volonté du testateur devait être observée, et que si l'un des héritiers tentait de faire cesser l'indivision avant l'expiration du délai fixé, il serait repoussé par l'*exceptio doli mali*, car il y a dol de sa part à demander le partage contrairement à la volonté de son auteur.

§ II. — *Fin de non-recevoir qui tend à faire écarter provisoirement l'action* familiæ erciscundæ.

Cette fin de non-recevoir c'est la *præscriptio quod præjudicium hereditati non fiat*. Nous avons vu que l'action *famil. ercis.* présuppose chez celui qui l'intente la qualité d'héritier ; eh bien ! si le demandeur se voit contester cette qualité par le défendeur et qu'il ne possède aucune portion de l'hérédité, il doit renoncer à exercer l'action *familiæ erciscundæ*, car la sentence de *l'arbiter* préjugerait la question d'hérédité ; s'il l'exerce, le défendeur lui opposera la *præscriptio quod præjudicium*, etc.; le demandeur sera donc obligé de recourir à la *petitio hereditatis* pour prouver ses droits.

Si le demandeur est en possession, la fin de non-recevoir disparaît, car elle aurait pour effet de le placer dans l'impossibilité, puisque la *petitio heriditatis* ne se donne pas à celui qui possède : il est donc nécessaire dans ce cas d'attribuer compétence à *l'arbiter familiæ erciscundæ* sur la question d'hérédité.

CHAPITRE V

EFFETS ET CAUSES DE NULLITÉ DU PARTAGE

Nous diviserons ce chapitre en deux sections : dans la première nous parlerons des effets du partage, et dans la seconde nous nous occuperons des causes de nullité du partage.

SECTION I

EFFETS DU PARTAGE.

Ces effets sont doubles : 1° cessation de l'indivision; 2° création d'obligations entre copartageants.

§ I. — *Cessation de l'indivision.*

Nous allons examiner quels sont les droits conférés à chaque héritier par la détermination des lots et quel est le moment à partir duquel ces droits sont acquis.

Disons d'une manière générale que chaque héritier acquiert sur les objets mis dans son lot les droits qu'avait le défunt. Ces droits peuvent être conférés soit par un partage à l'amiable soit par un partage judiciaire. S'il s'agit d'un partage à l'amiable les parties se conformeront au droit commun et auront recours soit à la mancipation, soit à l'injure cession, soit à la tradition suivant les circonstances. S'il s'agit au contraire d'un partage judiciaire, c'est l'*adjudicatio* prononcée par le juge qui confère les droits à chaque héritier. Dans ce dernier cas la propriété ne sera transférée *jure civili* que si l'action *familiæ erciscundæ* réunit certaines conditions ; nous voyons dans les Fragments du Vatican que si le juge prononce l'adjudication du fonds au profit d'un cohéritier et celle de l'usufruit au profit d'un autre, cet usufruit ne sera constitué *jure civili* que s'il y a eu *judicium légitimum.* Il est probable qu'il en était de même pour la propriété, nous lisons en effet dans la loi 44, § 1, *famil. ercis.* que le préteur intervient pour protéger les adjudications en donnant des actions ou exceptions; nous pouvons supposer que le jurisconsulte s'occupait d'un *judicium imperio continens* et que les compilateurs ont supprimé la mention de cette circonstance, car sous Justinien toute distinction entre les *judicia legitima* et les *judicia imperio continentia* est effacée.

Chaque héritier acquiert ces droits à partir du partage s'il est fait à l'amiable, et à partir de l'adjudication s'il est fait en justice, par cette raison qu'à Rome le partage est attributif de propriété. Les textes sont décisifs sur ce point. L'idée du partage déclaratif apparaît cependant dans un texte qui forme la loi 31 au Digeste, de *usu* et *usufructu* : voici l'espèce : Titius et Mœvius sont dans l'indivision quant à la propriété d'un fonds ; Mœvius lègue à sa femme l'usufruit de ce fonds ; ce legs ne peut recevoir son exécution pour la totalité, le testateur n'a pu léguer que l'usufruit de sa portion indivise. A la mort de Mœvius son héritier partage le fonds avec Titius, dans ce cas le jurisconsulte Trébatius pensait que la femme n'avait un droit d'usufruit que sur la part attribuée à l'héritier de Mœvius. Cette opinion était repoussée par Labéon, car, disait-il, le juge n'a pas pu changer l'usufruit et le faire porter sur une part déterminée quand auparavant il portait sur une portion indivise. Trébatius fondait son opinion sur le caractère déclaratif dont, selon lui, le partage se trouvait revêtu ; tandis que Labéon motivait sa décision par le caractère attributif qu'il reconnaissait au partage. Mais l'opinion de Trébatius est une opinion isolée.

Du caractère attributif du partage il résulte plusieurs conséquences : 1° Chacun des cohéritiers doit respecter les droits réels constitués par ses cohéritiers pendant l'indivision sur les portions indivises qui leur appartenaient dans les objets qui lui ont été attribués ainsi lorsqu'avant le partage, un cohéritier a hypothéqué sa part indivise dans une chose héréditaire et qu'ensuite cette chose est mise dans le lot d'un autre, celui-ci est obligé de subir l'hypothèque ; de là résultaient de nombreux recours entre les cohéritiers. Pour parer à ces inconvénients les J. C. Romains avaient imaginé deux procédés : 1° On n'estimait que sous la déduction du montant de la dette hypothécaire, l'objet mis dans le lot de celui qui n'avait pas constitué l'hypothèque, et celui-ci n'avait, par conséquent, aucun recours à exercer (Loi 6, § 8, D. *Com. Div.*) 2° Le copartageant qui avait constitué l'hypothèque, donnait à son copartageant, pour le cas d'éviction partielle, le droit de vendre la portion indivise restée libre dans la part de la chose hypothéquée qui lui avait été adjugée.

Ces procédés étaient insuffisants à faire disparaître les inconvénients en vue desquels ils avaient été imaginés ; en effet, ils supposent la bonne foi de celui qui a constitué l'hypothèque; ils supposent, que lors du partage, le cohéritier fera connaître l'hypothèque qu'il a consentie, car on sait qu'en Droit Romain les hypothèques n'étaient soumises à aucune condition de publicité. Le premier procédé est quelquefois impraticable, l'estimation sous la déduction de la dette suppose qu'il y a d'autres objets indivis avec lesquels on complètera le lot du copartageant qui se charge d'exécuter l'obligation sans recours, mais il peut arriver que la seule chose indivise soit celle qui a été hypothéquée ; il est vrai que le juge pourra compenser l'inégalité en créant une soulte au profit du copartageant qui n'a pas constitué l'hypothèque, mais ce remède pourra être insuffisant, car le propriétaire qui a hypothéqué peut devenir insolvable. Le deuxième procédé n'évite pas les inconvénients des recours.

Ces principes nous font aisément comprendre la loi 1 au Code *communia de legatis*. Cette constitution porte qu'un légataire ne pourra poursuivre chaque héritier par l'action hypothécaire que dans la mesure pour laquelle il pourrait le poursuivre par l'action personnelle. Il n'y a pas là de dérogation au principe que l'hypothèque est indivisible. Supposons que le défunt laisse un immeuble, deux héritiers et un legs de 20,000 sesterces : Si le légataire exerce l'action personnelle, il ne pourra poursuivre chaque héritier que pour 10,000 sesterces. Mais pour combien pourra-t-il le poursuivre en vertu de l'hypothèque que Justinien lui accorde sur les biens de la succession ? Il faut distinguer s'il agit avant ou après le partage ; au premier cas il ne poursuivra chaque héritier que pour 10,000 sesterces et seulement sur la moitié indivise qui lui appartient. En effet, la dette est née en la personne des deuxh éritiers au moment où ils ont acquis la succession, elle est née divisée ou plutôt il y a deux dettes de 10,000 sesterces. Ce n'est pas le défunt qui a hypothéqué l'immeuble, c'est la loi, et comme chaque héritier, s'il avait hypothéqué conventionnellement, n'aurait pu grever que sa portion indivise, il s'ensuit que, du chef soit de l'un, soit de l'autre, il n'y a qu'une moitié indivise qui a pu être hypothéquée par la loi, il y a deux objets distincts qui sont hypothéqués, savoir : chacune des moitiés indivises ; il y a donc deux hypothèques et chacune d'elles est exercée dans la limite qu'elle a eue dès l'origine.

Si l'immeuble est adjugé à un héritier pour la totalité, cette adjudication respecte l'hypothèque affectant l'une des moitiés indivises du chef de l'autre héritier, en telle sorte, qu'entre les mains de l'adjudicataire, l'immeuble est grevé de deux hypothèques distinctes portant chacune sur une moitié indivise du fonds. En ce qui touche la moitié indivise grevée du chef de son cohéritier, il est tiers détenteur et peut par conséquent la délaisser sur les poursuites du légataire.

Deuxième conséquence du caractère translatif du partage : c'est une aliénation, par conséquent celui qui ne peut pas aliéner, ne peut pas intenter l'action *familiæ erciscundæ*.

Troisième conséquence : les copartageants ne sont

les ayants-cause du défunt que pour la portion indivise qui leur appartenait avant le partage ; pour les autres portions ils sont ayants-cause les uns des autres. Si donc l'héritier est de mauvaise foi, il ne pourra pas usucaper les portions qu'il tient de ses cohéritiers lors même que ceux-ci auraient été de bonne foi, mais à l'inverse, s'il est de bonne foi, il pourra les usucaper malgré la mauvaise foi de ses cohéritiers.

§ II. — *Obligations que le partage fait naître entre copartageants.*

Nous avons vu que le juge imposait aux héritiers certaines obligations en vertu de diverses causes ; nous allons parler maintenant de l'obligation de garantie qui existe entre cohéritiers en cas d'éviction, subie par l'un d'eux relativement à un objet placé dans son lot. Étudions-la successivement dans un partage fait à l'amiable et dans un partage judiciaire.

I. — *Obligation de garantie dans un partage fait à l'amiable.*

Nous avons déjà vu que le partage fait à l'amiable est un contrat innommé qui se forme *re*, et qui par conséquent donne naissance à l'action *præscriptis verbis* pour son exécution ; au moyen de cette action le copartageant évincé pourra recourir contre ses copartageants et réclamer à chacun d'eux *id quanti*

interest, c'est-à-dire la valeur de la chose au moment
de l'éviction, mais chacun d'eux ne sera obligé que
proportionnellement à sa part héréditaire. S'il est
intervenu entre les parties une stipulation de garantie,
le copartageant évincé devra exercer son recours par
l'action *ex stipulatu*. Le copartageant évincé ne pourra
pas exercer à son choix l'action *præscriptis verbis* ou
la *condictio ob rem dati re non secuta*. Autrement il
y aurait là une inégalité saisissante ; en effet, si la
chose enlevée par éviction à l'un des copartageants
avait augmenté de valeur depuis le partage, tandis que
les choses attribuées aux autres copartageants seraient
restées dans le *statu quo*, l'évincé n'aurait pas manqué
d'exercer l'action *præscriptis verbis*. Si au contraire
elle avait diminué tandis que les autres auraient
augmenté, il aurait exercé la *condictio ob rem dati re
non secuta*.

II. — *Obligation de garantie dans les partages judiciaires.*

Nous allons successivement considérer deux cas :
1° celui où l'*arbiter* a obligé les cohéritiers à s'engager
par stipulation les uns vis-à-vis des autres pour le
cas d'éviction ; 2° celui où ces stipulations n'ont pas eu
lieu.

1° Ces stipulations sont fréquentes, chacune d'elles
porte le nom *de cautio de evictione* (loi 25, § 21, *Dig.
Fam. erc.*). Le juge estime les choses héréditaires avant

de procéder au partage, et c'est cette estimation qui
fait l'objet des cautions. Cujas a soutenu que la valeur
estimative dont il s'agit serait élevée au double, et que
les cautions seraient comme dans la vente *cautiones*
duplæ, il s'est fondé sur la loi 5, prin. Dig. Liv. XLV,
T. I. Nous voyons en effet dans cette loi que la *stipu-*
latio duplæ est faite sur l'ordre du juge ou sur l'ordre
des édiles, or dans quel cas, dit Cujas, le juge pourrait-il ordonner cette *stipulatio*, si ce n'est quand il
a procédé à un partage ? Cette interprétation n'est pas
admissible ; nous comprenons la *stipulatio duplæ*
dans la vente qui est un contrat de spéculation, mais
non dans le partage qui a l'égalité pour but. Nous
voyons qu'une *stipulatio duplæ* peut être ordonnée
par le juge sans qu'il soit nécessaire de supposer un
partage. La loi 14, § 1, Dig. *de noxal. act.* présente
une hypothèse dans laquelle le juge de l'action noxale
impose à celui qui fait la *noxæ deditio* l'obligation de
fournir la *cautio duplæ* en prévision du cas où le demandeur viendrait à être évincé.

A défaut de stipulation, le cohéritier évincé pourra
intenter l'action *præscriptis verbis* et pourtant le partage judiciaire n'est pas un contrat innommé, mais on
a pensé que l'instance en partage et les décisions du
juge faisaient naître entre les parties des obligations
devant produire les mêmes effets que si elles résultaient d'un partage fait à l'amiable.

La loi 7 au Cod. Liv. III, Tit. XXXVIII nous montre

une différence entre l'action *præscriptis verbis* et l'action *ex stipulatu* : « Si au moment du partage l'héritier qui est plus tard évincé connaissait la cause d'éviction, il ne pourra pas intenter l'action *præscriptis verbis*, tandis que cette raison ne lui enlève pas le droit d'intenter l'action *ex stipulatu*. L'obligation de garantie n'est pas de l'essence du partage : les copartageants peuvent s'en affranchir par une clause expresse.

SECTION II

CAUSES DE NULLITÉ DU PARTAGE.

En principe le partage consommé est irrévocable pourvu qu'il ait eu lieu entre personnes capables ; mais il peut être infecté de certains vices; les jurisconsultes romains se sont occupés du dol, de la lésion, de l'erreur consistant à admettre au partage celui qui n'avait pas le droit d'y participer.

Lorsque par suite de manœuvres frauduleuses qu'il a pratiquées, un cohéritier a obtenu un lot plus considérable que celui des autres, ceux-ci peuvent l'actionner en restitution ; peu importe que le partage soit fait à l'amiable ou qu'il soit judiciaire; on ne doit pas s'occuper non plus du chiffre que le préjudice peut atteindre : *Dolus qualitate facti, non quantitate pretii estimatur*. Le partage judiciaire est nul si le juge a pratiqué un dol par corruptiou, mais il est valable si le juge s'est seulement rendu coupable de partialité, dans ce cas on prendra le juge à partie *litem suam fecit.*

En ce qui touche la lésion, il faut distinguer le partage judiciaire du partage fait à l'amiable :

1° Le partage à l'amiable peut-il être rescindé pour cause de lésion ? Les lois 2 et 8 Cod. liv. IV, Tit. IV, portent que le vendeur d'immeubles peut faire rescinder la vente lorsqu'il subit une lésion d'outre moitié du juste prix. Certaines personnes en ont conclu *a contrario* que le partage n'est pas rescindable pour cause de lésion, mais il vaut mieux conclure *a simili* et même *a fortiori* qu'il pourra être annulé pour cette cause. D'abord les textes assimilent le partage à la vente ; puis ils nous disent que dans la vente il est permis aux parties de se circonvenir, tandis que dans le partage il faut observer l'égalité; si donc la vente est rescindable pour lésion, *a fortiori* doit-il en être de même du partage ? La question est du reste tranchée par la loi 3 au Code liv. III, T. XXXVIII. « Majoribus etiam per fraudem, vel dolum vel perperam sine judicio factis divisionibus solet subveniri quia in bonæ fidei judiciis et quod inæqualiter factum esse constiterit, in melius reformabitur. » Ce texte, il est vrai, suppose que le préjudice éprouvé par un copartageant a sa source dans la fraude, mais n'oublions pas que c'est un rescrit, par conséquent une décision d'espèce où la fraude se trouve relevée parce qu'elle existait dans la cause sur laquelle les empereurs statuaient ; d'ailleurs ces expressions : *in bonæ fidei judiciis quod inæqualiter factum esse constiterit in melius refor-mabitur* ne nous prouvent-elles pas que dans la pensée des auteurs du rescrit le partage aurait pû être rescindé pour lésion même en l'absence de dol.

Diverses opinions se sont produites sur la question de savoir quel taux le préjudice devait atteindre : 1° Dans un premier système on applique le principe de la vente par cette raison que les textes mettent sur la même ligne le partage et la vente au point de vue de leur nature ; 2° dans un second système on se place au point de vue du but différent de ces deux actes; comme la vente est un contrat de spéculation et le partage un contrat d'égalité, on en a conclu que dans le partage la lésion quelle qu'elle soit, est une cause de rescision.

Le partage judiciaire peut-il être rescindé pour cause de lésion ? Des interprètes, s'appuyant sur l'expression *sine judicio* contenue dans la loi 3 au Cod. liv. III, Tit. XXXVIII, ont soutenu la négative, mais en argumentant ainsi, on serait obligé d'aller trop loin puisqu'on serait amené à dire que le partage extraju-diciaire seul serait rescindable pour cause de dol ; il faut, pensons-nous, traduire *sine judicio* comme s'il y avait *sine animi judicio*.

Si l'on avait admis au partage une personne qui

n'y avait aucun droit, qu'arriverait-il ? Un héritier *ex
asse* croit avoir Titius pour cohéritier, il partage à
l'amiable avec Titius, lui fait tradition de certaines
choses héréditaires et lui paié une soulte ; ou bien il
intente contre lui l'action *familiæ erciscundæ* et en
vertu de l'adjudication ou des condamnations prononcées par le juge la propriété de certaines choses héréditaires est transférée à Titius, ou des sommes
d'argent lui sont payées. Quand on découvrira l'erreur, y aura-t-il lieu à des répétitions ?

S'il s'agit d'un partage à l'amiable, l'héritier pourra
exercer des répétitions par la *condictio indebiti*, car
il y a eu paiement par erreur ; mais il ne pourra pas
intenter la *rei vindicatio,* car l'erreur n'a pas empêché la translation de propriété.

S'il s'agit d'un partage judiciaire, la *condictio indebiti* n'est plus possible, car les paiements ont été
effectués en vertu d'une sentence judiciaire ; cette
condictio n'est pas donnée à celui qui a payé même
par erreur quand il l'a fait pour éviter une condamnation au double ; or si les paiements n'avaient pas
été faits, l'héritier aurait pu craindre d'être poursuivi par l'*actio judicati,* qui entraîne une condamnation au double.

DROIT FRANÇAIS

DES PARTAGES FAITS PAR LES PÈRES ET MÈRES
ET AUTRES ASCENDANTS ENTRE LEURS DES-
CENDANTS.

INTRODUCTION

Personne n'ignore les graves difficultés qui sur-
gissent dans le cours de la liquidation d'une succession ; cette opération est la source de nombreux procès
entre les cohéritiers ; procès d'autant plus regrettables
qu'ils s'élèvent presque toujours entre personnes
unies par les liens du sang. Le but essentiel, primor-
dial des partages faits par les ascendants est de maintenir l'union et la bonne harmonie dans les familles.
Quoi de plus naturel que d'investir le père d'une magistrature protectrice ?

Les partages faits par les ascendants se présentent

à nous sous deux formes : ou l'ascendant partage tout ou partie de son patrimoine entre ses descendants qui sont aptes à lui succéder *ab intestat*, de telle sorte qu'il se dépouille actuellement et irrévocablement au profit des copartagés, ou le partage n'est qu'un acte de dernière volonté qui ne doit recevoir exécution qu'après sa mort.

Le partage d'ascendants est donc un acte par lequel un ascendant distribue ses biens à ses descendants soit de son vivant soit pour le temps qui suivra sa mort.

Que le partage affecte les formes d'une donation ou d'un testament, il a pour but, comme nous l'avons déjà dit, d'éviter les froissements d'intérêts entre les enfants, les procès auxquels donnent lieu les partages après décès. Mais ce but est rarement atteint, et l'expérience a prouvé que les partages d'ascendants ont donné lieu à des difficultés plus graves et à des procès plus fréquents que s'ils n'étaient pas intervenus. Cela tient à l'imperfection de la loi qui n'a pas bien déterminé la nature et les effets de ce partage. L'incertitude sur une foule de questions et l'esprit de chicane ont grandement ébranlé le crédit qu'il importait de conserver à ces sortes d'actes. De plus, le père de famille s'efforce de masquer au moyen de ce partage des inégalités qu'il veut établir entre ses enfants. Cela est si vrai que l'on peut constater que les contestations se produisent surtout dans les départements du Midi, où les mœurs maintiennent l'usage de faire un aîné ; il y arrive fréquemment qu'on se sert de ce partage pour faire à l'enfant des donations dissimulées. L'ingratitude des enfants apportionnés a bien aussi jeté du discrédit sur notre institution ; il arrive trop souvent que le père de famille a la douleur de n'obtenir de leur part qu'un irrespectueux oubli, en échange de sa libéralité si louable et si paternelle. Le Code lui offre heureusement un moyen de les tenir dans le devoir : en effet, d'où vient l'ingratitude des enfants ? de ce qu'ils n'ont plus rien à attendre de leur ascendant. Que celui-ci se réserve donc une partie notable de ses biens ! L'art. 1077 le lui permet implicitement ; et alors, le mobile de l'intérêt lui garantira les égards et les respects qui lui sont dus.

Malgré ses imperfections, l'institution qui nous occupe présente des avantages incontestables : et d'abord, elle évite les frais et les lenteurs inévitables dans un partage après décès, lorsqu'il y a des incapables parmi les cohéritiers. Cette institution se recommande encore par un avantage qui manque souvent au partage après décès ; en effet, dans ce dernier, qui donc fait le plus souvent l'attribution des parts aux cohéritiers, si ce n'est le sort aveugle qui donne les terres à l'industriel et l'usine à l'agriculteur ? Au contraire, ici, c'est de l'ascendant qu'elle émane, et comme il connaît les convenances et les aptitudes personnelles de chacun de ses enfants, il y confor-

mera sa répartition. De plus, en exerçant la faculté
de régler lui-même l'attribution de son patrimoine,
l'ascendant a le moyen de compenser entre ses descendants les inégalités naturelles ou accidentelles.
Ces trois avantages sont communs au testament-partage et à la donation-partage.

Le partage d'ascendants, qui affecte la forme de la
donation entre-vifs, produit un résultat qui lui est
spécial. Souvent il arrive, surtout à la campagne,
que des pères et mères, propriétaires d'une petite
fortune, se voient, à raison de leur grand âge, dans
l'impossibilité d'exploiter leurs biens. Que faire alors?
Les affermer à un étranger ? mais un fermier se trouvera peut-être difficilement, à cause du peu d'importance de leurs propriétés.

Aussi les voit-on abdiquer leur droit de propriété
entre les mains de leurs enfants. Cette donation-partage facilitera l'établissement de ces derniers, et aura
d'excellents résultats au point de vue de la richesse
publique ; en effet les biens mieux exploités par des
hommes jeunes que par des vieillards ne pourront
pas manquer que de produire davantage ; d'un autre
côté l'intérêt privé de l'ascendant trouvera une com-
pensation dans la stipulation d'une rente viagère.
Supposons maintenant une grande fortune. Le père
de famille pour marier ses enfants va leur donner
une partie de ses propriétés, s'il se contente de simples
avancements d'hoirie les donataires obligés de rap-

porter leurs dons cultiveront mal, tandis que s'il leur fait une donation-partage les biens ainsi donnés. échapperont au rapport et seront en conséquence beaucoup mieux administrés.

Ce partage évite à un ascendant, faible d'esprit, la douleur de voir son interdiction provoquée par ses propres enfants si ceux-ci peuvent lui persuader d'opérer lui-même entre leurs mains le dessaisissement de ses biens.

Tels sont les différents avantages qui, suivant les cas, font la faveur et l'utilité du partage d'ascendants.

Les partages d'ascendants existaient dans notre ancien droit coutumier, mais le Code leur a donné des caractères nouveaux ; ces innovations s'appliquent spécialement aux partages par actes entre-vifs. Les pays coutumiers pratiquaient les partages d'ascendants par actes de dernière volonté et la démission de biens qui n'était pas nécessairement un partage.

Nous allons exposer rapidement les caractères de ces deux institutions.

§ I. — *Partage d'ascendants.*

La loi Salique et la loi des Francs Ripuaires (ch. XXI, liv. II) nous montrent les partages d'ascendants en usage dans les tribus germaniques, et cette institution est mentionnée dans la loi Gombette comme une règle consacrée par les mœurs depuis bien des siècles (*Lex Burgundiorum nuncupata Gundebada* § 51, tit. XIV ; recueil de *Canciani*, liv. IV, tit. IV, pages 1 et suiv.).

Nous trouvons encore ce privilége de père de famille dans les Capitulaires de Charlemagne (liv. VII, cap. 248), et dans les Olim (tom. I, n 20, édition Beugnot, page 111). En constatant l'existence de ces vieux documents nous voulons montrer que l'institution des partages d'ascendants s'est imposée à tous les âges et qu'elle doit en conséquence répondre à des besoins inhérents à la nature même de l'homme.

Les partages d'ascendants sous le droit 'coutumier avaient le caractère d'une simple distribution de l'hérédité *ab intestat*; ce caractère est admis par tous les auteurs : *Quod quisque capit ut hæres capit, non ut legatarius, et nisi hæres sit, capere non potest* (Guy, Coquille, Quest. 244). Une conséquence directe du principe que les héritiers copartagés demeuraient *ab intestat* c'est qu'au décès de leur parent ils étaient saisis de plein droit de la portion divise qu'il leur avait attribuée.

Les coutumes de Bourgogne et du Bourbonnais réglaient seules les formes des partages d'ascendants; ils pouvaient se faire soit en justice, soit par actes notariés, soit par actes sous seing privé, écrits, datés et signés par les ascendants.

La coutume de Bourgogne exigeait qu'un intervalle de vingt jours s'écoulât entre le jour où le partage avait été fait et le décès de l'ascendant, celle du Bourbonnais exigeait un intervalle de quarante jours.

La coutume de Bretagne et celle du Bourbonnais n'accordaient qu'aux pères et mères le droit de faire des partages ; d'autres coutumes l'étendaient aux collatéraux (Artois, Nivernais) ; enfin le plus grand nombre ne le permettait qu'aux ascendants mais à tous sans distinction.

Toutes les coutumes admettaient le partage des acquêts. En ce qui touche les propres comme on ne pouvait en disposer que d'une partie peu considérable par dispositions testamentaires, certaines coutumes (Artois, Poitou) exigeaient le consentement des descendants pour le partage des biens qui avaient ce caractère. La coutume de Bretagne exigeait le concours non pas des descendants, mais de quatre parents pris moitié dans chaque ligne.

Le but essentiel du partage étant de maintenir la concorde dans la famille, ce but n'aurait pas été atteint si l'ascendant avait laissé quelques objets indivis à partager, aussi était-il obligé de comprendre dans son partage tous ses biens sans exception ; cette règle ne s'appliquait pas aux propres dans les coutumes qui exigeaient le concours des enfants.

Presque toutes les coutumes disposaient que le partage devait comprendre tous les descendants, le droit

coutumier voulait avant tout maintenir l'égalité entre
eux. La lésion était-elle une cause de rescision dans
les partages d'ascendants? Pour la solution de cette
question il faut distinguer entre les coutumes de préciput et les coutumes d'égalité.

Les premières n'accordaient au descendant lésé
qu'une action en complément de sa légitime, si
l'inégalité avait été intentionnelle de la part de l'ascendant. Que si, au contraire, elle ne provenait que
d'une erreur de calcul, cette erreur devait être réparée. Les dernières admettaient la rescision pour une
lésion de quelque importance ; sans doute la lésion
devait être moins forte que dans les partages ordinaires, car les descendants n'ont pas pu veiller à leurs
intérêts ; mais l'égalité ne devait pas s'entendre à la
rigueur et on laissait quelque chose à l'autorité des
ascendants ; on s'en rapportait dans une certaine
mesure à l'affection et à l'intérêt qu'ils portent à leurs
descendants.

Les coutumes étaient muettes sur le chiffre que
devait atteindre la lésion pour faire tomber le partage; la coutume de Bretagne était la seule qui s'ex-
pliquât sur ce point, elle n'admettait la rescision que
si la lésion dépassait un sixième. D'Argentré dit que
cette inégalité d'un sixième n'était tolérée que lorsqu'elle résultait d'une erreur; car si c'était sciemment et à dessein que l'auteur du partage l'avait in-
troduite, ce partage ne devait pas faire autorité, la

coutume pardonnant à l'erreur mais jamais à la fraude. Cette distinction était repoussée avec raison par les autres coutumes, car le système de d'Argentré conduisait à rescinder les partages, même pour la lésion la plus insignifiante, du moment qu'elle avait eu lieu sciemment.

Dans les coutumes d'égalité, pour être logique, il aurait fallu proscrire les partages d'ascendants, car il est impossible que le père de famille ne commette pas quelque erreur dans l'estimation de ses biens, mais l'utilité du partage l'emporta sur cette considération.

L'ascendant avait-il le pouvoir d'attribuer ses immeubles à certains descendants en ne laissant aux autres que des meubles ou de l'argent ; ou bien devait-il attribuer à chacun sa part en corps héréditaires ?

Dans les coutumes de préciput on exigeait seulement que la légitime fût composée de biens héréditaires.

Dans les coutumes d'égalité, au contraire, on admettait la répartition à peu près égale des meubles et des immeubles entre tous les descendants.

Certaines coutumes défendaient expressément de faire aucun avantage de propres en faveur de l'un des héritiers, on y permit néanmoins aux ascendants de mettre moins de propres dans l'un des lots, pourvu qu'il le complétât en acquêt.

Le partage d'ascendants était révocable, la révocation pouvait résulter d'une simple déclaration par écrit ; mais par exception ce partage devenait irrévocable dans plusieurs cas : 1° s'il avait été fait par contrat de mariage ; 2° s'il était conjonctif, c'est-à-dire fait simultanément par deux époux ; pour le créer il a fallu l'union de deux volontés, pour le révoquer il faudra cette même union, d'où il résultait que ce partage était irrévocable si l'un des époux était mort ; 3° si l'ascendant après le partage avait mis ses enfants en possession de leurs lots (Auroux des Pommiers sur la coutume de Bourgogne, art. 216, n° 28). Dans ce dernier cas l'irrévocabilité n'était pas admise par tous les autres.

Il s'était élevé de nombreuses difficultés sur la forme du partage dans les coutumes qui ne s'en expliquaient pas. L'ordonnance d'août 1735 sur la forme des testaments l'assujettit à des formes simples : Ces formes consistaient soit dans un acte public reçu par deux notaires ou par un notaire assisté de deux témoins, soit dans un acte sous seing privé, entièrement écrit, daté, signé de la main de l'ascendant. Les formalités supplémentaires ordonnées par les coutumes locales devaient continuer à être observées. L'article 18 établissait que ces partages ne pouvaient concerner que les enfants ; et l'article 77 qui défendait les testaments mutuels excepte de cette prohibition les partages conjonctifs faits par le père et la mère.

§ II. — *De la démission de biens.*

La démission de biens est définie par Pothier : *Un acte par lequel une personne, en anticipant le temps de sa succession, se dépouille de son vivant de l'universalité de ses biens, et en saisit d'avance ses héritiers présomptifs, en retenant néanmoins le droit d'y rentrer lorsqu'elle le juge à propos.* (N° 1, Appendice. Introduct. au titre XVII de la Cout. d'Orléans). Son origine est nationale, elle a pris naissance dans la vieille pratique française, et la plupart des Coutumes ne la mentionnaient pas; son organisation est due au travail de la doctrine et de la jurisprudence. C'est un acte d'une nature spéciale, elle participait de la nature du testament et de la nature de la donation; comme le testament, elle était révocable au moins dans la plupart des Coutumes; comme la donation, elle produisait des effets immédiats.

Boullenois lui reconnaît trois caractères différents, suivant les personnes par rapport auxquelles on la considérait : 1° par rapport au démettant, c'est une donation à cause de mort; 2° par rapport aux démissionnaires, c'est une succession anticipée; 3° par rapport aux créanciers du démettant et aux tiers, c'est un acte entre-vifs translatif de propriété. La première idée se trouve exacte; mais la seconde est exagérée, car plusieurs effets de la démission sont différents de ceux d'une succession même relativement aux démissionnaires; nous pensons que la pensée de d'Argentré vaut mieux : *spei hæreditariæ anticipatio.* Enfin, c'est bien un acte translatif de propriété par rapport aux créanciers du démettant et aux tiers, mais cet effet est conditionnel, et il tombera si les démissionnaires ne deviennent pas les héritiers du démettant.

La démission reposait sur les motifs suivants : le besoin qu'éprouve une personne âgée de remettre à d'autres le fardeau de ses affaires ; l'affection que les ascendants portent à leurs descendants et qui les engage à se dépouiller de leurs biens avant leur mort pour être témoin du bonheur de leurs enfants ; enfin, un père de famille prodigue ou faible d'esprit évitera un procès en interdiction en faisant une démission de biens.

D'Argentré avait raison de dire que cette institution n'était que l'anticipation de l'espérance héréditaire, une image de la succession ; mais l'idée de Boullenois fut acceptée par plusieurs commentateurs, et conduisit aux conséquences suivantes :

1° La démission ne pouvait se faire qu'au profit des héritiers présomptifs, elle devait les comprendre tous; par exception, les Coutumes de Bretagne et de Ponthieu décidaient que dans les familles nobles elle ne se ferait qu'entre les mains de l'aîné, qui devait délivrer leur part aux puînés.

2º Elle pouvait être faite par toutes les personnes capables de transmettre une succession légitime, mais aussi par elles seules.

3º Elle devait comprendre l'universalité des biens du démettant ; on permettait néanmoins au démettant de se réserver soit une rente, soit des objets particuliers, soit l'usufruit d'une partie ou de la totalité des biens. La Coutume de Bretagne faisait une exception à notre règle et autorisait le démettant à ne transmettre qu'une partie de ses biens, ce qui n'empêchait pas les démissionnaires d'être, sur leur part, tenus de toutes les dettes du démettant.

4º Elle devait être acceptée comme une succession en vertu de ce principe : *Nul n'est héritier qui ne veut*, mais l'acceptation pouvait être tacite, elle résultait par exemple d'une prise de possession.

5º Les démissionnaires étaient tenus de la garantie les uns vis-à-vis des autres comme des cohéritiers.

Ce qui prouve que l'idée de succession anticipée est exagérée, ce sont les effets suivants de la démission de biens :

1º Les démissionnaires, en acceptant la démission, ne préjugent en rien le parti qu'ils prendront un jour sur la succession du démettant, en réalité la succession n'est pas ouverte.

2º Les démissionnaires n'étaient tenus des dettes que comme acquéreurs de l'universalité, en vertu de la convention tacite : *bona non intelliguntur, nisi deducto ære alieno*, et non comme héritiers : *Viventis nulla est hereditas.*

3° Il fallait se placer à l'époque du décès pour juger si le partage fait par le démettant était rescindable ou non, c'était là une conséquence de ce que la succession du démettant ne se déférait qu'à son décès. Cette règle est conforme à l'idée que chacun est libre, sa vie durant, de disposer de ses biens comme il le juge à propos, sans que personne ait le droit de se plaindre.

Cet acte n'était soumis ni aux formalités d'une donation entre-vifs, ni à celles d'un testament; il exigeait, sans doute, pour sa validité, le consentement de toutes les parties tant du démettant que des démissionnaires; mais ce consentement n'était soumis à aucune solennité.

L'art. 537 de la Coutume de Bretagne ordonnait que la démission fût bannie par trois dimanches consécutifs à l'issue de la grand'messe, certifiée devant le juge et enregistrée au greffe. Nous croyons que pour être opposable aux tiers, la donation devait être insinuée ; Lebrun pourtant repousse la nécessité de l'insinuation, il invoque le caractère successoral de la démission et la publicité dont elle est entourée ; mais Boullenois fait observer avec justesse que le démettant peut avoir conservé l'usufruit de ses biens et que vis-à-vis des tiers la démission est un acte translatif de propriété ; il fait une exception pour les démissions faites par les ascendants.

Lorsqu'il y avait plusieurs démissionnaires, le démettant pouvait soit abandonner ses biens par indivis,
soit en faire lui-même le partage. Si la démission-partage émanait d'un ascendant, celui-ci pouvait y introduire des inégalités lorsqu'il était dans une coutume
de préciput; il devait seulement respecter la légitime
de chaque descendant; mais dans les coutumes d'égalité, toute lésion d'une certaine importance viciait le
partage. Si au contraire la démission-partage émanait
d'un collatéral, le démettant devait se conformer dans
sa distribution aux proportions établies par la coutume; nous exceptons évidemment les coutumes qui
autorisaient le partage collatéral avec inégalités.

Les causes qui peuvent empêcher ou restreindre les
effets de la démission sont au nombre de trois : 1°
révocation expresse, procédant du démettant ; 2° survenance d'enfants au démettant quand il s'agit d'une
démission faite au profit d'ascendants ou de collatéraux ; 3° prédécès d'un démissionnaire. Dans ce
dernier cas, la révocation pouvait être totale ou partielle ; révocation totale lorsqu'il était seul démissionnaire ou que les autres étaient également prédécédés,
révocation partielle lorsqu'il y avait plusieurs démissionnaires et que l'un d'eux prédécédait sans laisser
d'enfants qui pussent le représenter. La part du prémourant accroissait aux autres démissionnaires parce
que la démission emportait, comme une succession,
une expropriation générale du démettant au profit de

tous les héritiers présomptifs considérés collectivement, et que chacun d'eux en particulier était apte
à recueillir l'universalité des biens abandonnés. Quand
les biens passaient aux enfants ou aux autres démissionnaires ou enfin au démettant, on appliquait la
maxime : *Resoluto jure dantis resolvitur jus accipientis.*

Avant d'aborder l'explication des art. 1075 et suivants, examinons la question de savoir si les partages
d'ascendants étaient prohibés sous le droit intermédiaire. La loi du 17 nivôse an II établit l'égalité parfaite dans les successions en prohibant tout avantage
direct ou indirect au profit des héritiers présomptifs :
c'était la reproduction du principe des coutumes d'égalité parfaite. Cette loi ne s'opposait évidemment pas
aux démissions faites sans partage. Mais s'opposait-
elle à ce qu'une personne fît elle-même le partage de
sa succession entre ses héritiers présomptifs ? On a
soutenu que, l'exécution de la loi de nivôse était in-
compatible avec la faculté laissée à l'ascendant de procéder lui même au partage de ses biens, celui qui
partage son patrimoine trouve toujours le moyen de
rendre meilleure la condition de l'un de ses héritiers.

Nous ne croyons pas devoir admettre cette opinion ;
en effet la loi de nivôse, comme nous l'avons déjà dit,
est la reproduction du principe des coutumes d'égalité parfaite, or sous ces coutumes on admettait parfaitement les partages d'ascendants ; les motifs d'utilité.

qui l'avaient emporté sur l'égalité parfaite entre cohéritiers, subsistaient sous la loi de nivôse; nous pensons donc que l'on ne devait considérer comme entachant de nullité les partages d'ascendants que les erreurs d'une certaine importance ; cette opinion a été consacrée par deux arrêts de la Chambre des requêtes du 11 décembre 1811 et du 11 juin 1835. (Dalloz, 1835 I, 315).

La loi du 5 germinal an VIII abrogea celle de l'an II, et permit de faire à ses héritiers des libéralités préciputaires ; elle fit cesser parconséquent la controverse dont nous venons de parler.

Nous arrivons à notre législation actuelle. Les rédacteurs du Code Napoléon ont consacré au partage d'ascendants un chapitre spécial au titre *des Donations entre-vifs et des testaments;* mais ce chapitre ne se compose que de six articles ; ce laconisme est d'autant plus regrettable qu'ils ont profondément modifié les principes de notre ancien droit.

Nous traiterons successivement dans trois chapitres : 1° des caractères et des conditions de validité des partages d'ascendants ; 2° des effets de ces partages ; 3° des causes de nullité ou de rescision qui peuvent les atteindre.

CHAPITRE 1

DES CARACTÈRES ET DES CONDITIONS DE VALIDITÉ DES PARTAGES D'ASCENDANTS.

Dans ce chapitre nous examinerons quatre questions qui feront chacune l'objet d'un paragraphe :

§ 1er. Quels sont les caractères de ces partages ?

§ 2e. Dans quelles formes ils doivent être faits ?

§ 3e. Quelles personnes peuvent les faire et quelles personnes peuvent y être comprises ?

§ 4e. Comment les lots doivent-ils être composés ?

§ I. — *Caractères du partage d'ascendants.*

Quelle est aujourd'hui la nature juridique du partage d'ascendants ? C'est là une question délicate et controversée. D'après l'art. 1076, il ne semble pas que ce partage soit d'une nature particulière : en effet voici le texte de cet article : « Ces partages pourront être faits par actes entre-vifs ou testamentaires avec les formalités, conditions et règles prescrites pour les donations entre-vifs et testaments. » A la lecture de ce texte on est porté à croire que ce partage est soit une donation ordinaire, soit un legs ordinaire. Mais nous pensons que le testament-partage n'est rien autre chose qu'un acte de pure distribution et que la dona-

tion-partage est composée d'un double élément : d'une
donation indivise et d'un partage qui fait sortir les co-
donataires de l'indivision créée entre eux.

Nous allons d'abord nous occuper du caractère des
partages testamentaires. En faisant un partage testamentaire l'ascendant a pour but de substituer son action propre à l'action que le juge aurait à exercer en
cas d'incapacité des cohéritiers ou de désaccord entre
eux, or la mission du juge consiste à prendre la vocation légale des héritiers pour base de ses attributions.
Il en est de même de l'ascendant qui dans un testament-partage ne fait que composer les lots de chacun
de ses descendants sans songer nullement à leur faire
de libéralités ; ceux-ci recueillent donc ces lots en qualité d'héritiers et non de légataires. On objecte que
l'ascendant peut faire des lots inégaux, même entamer
la réserve, substituer au droit indivis un droit sur des
objets déterminés èt qu'il est impossible en présence
de ces actes de ne pas reconnaître à l'ascendant un
pouvoir de véritable attribution ; en ce qui touche les
inégalités, nous répondons que la loi les considère
comme le résultat forcé de l'incertitude des esti-
mations. Quant à la substitution d'un droit déterminé
au droit indivis des héritiers, nous ne voulons pas la
nier, et nous ne disons pas avec M. Régnier qu'en vertu
de l'art. 883 les héritiers sont censés avoir directement
succédé aux objets compris dans leurs lots et qu'ils
n'ont par conséquent jamais eu de droit indivis sur les

biens de la succession, car la fiction de l'art. 883 n'a trait qu'aux rapports des cohéritiers avec les tiers qui durant l'indivision auraient acquis des droits sur les biens indivis du chef des autres héritiers. Mais ce pouvoir de l'ascendant ne modifie pas selon nous la vocation héréditaire des héritiers ; il en règle seulement le mode d'exercice.

Au surplus, le partage d'ascendants était dans l'ancien droit considéré comme un acte de distribution, et rien ne nous fait supposer que les rédacteurs du Code aient eu l'intention d'innover.

Du principe que nous venons de poser découlent plusieurs conséquences :

1° La capacité de recueillir par testament n'est pas exigée chez les enfants copartagés ; il en résulte donc que le condamné à une peine afflictive et infamante peut être compris dans un partage testamentaire ;

2° Il faut être héritier pour prendre part au partage.

Si l'on admettait au contraire que le partage testamentaire est un acte d'attribution, il faudrait reconnaître aux divers lots le caractère de legs, dire que les enfants apportionnés sont des légataires et qu'ils ont le droit de renoncer aux legs pour s'en tenir à leurs droits héréditaires ; ainsi dans ce système la validité du partage d'ascendants dépendrait du caprice de l'un de ses descendants ;

3o Les descendants sont tenus *ultra vires* des dettes

de l'ascendant en proportion de leurs droits héréditaires ; s'ils veulent échapper à cette obligation, ils
doivent accepter sous bénéfice d'inventaire ;

4° Les copartagés se devront réciproquement garantie des évictions qui les priveraient d'objets compris dans leurs lots ; cette garantie est assurée par
le privilége des art. 2103 3° et 2109, qui s'étend aux
soultes ou retours de lots, et nous pensons que ce privilége doit être inscrit dans les soixante jours qui
suivent, non pas le décès de l'ascendant mais la connaissance qu'ont eue les cohéritiers de l'existence du
partage testamentaire. Si l'on décidait que l'inscrip-
tion doit être prise dans les soixante jours qui suivent
le décès de l'ascendant, cette décision serait la néga-
tion du droit deprivilége.

La Cour de Bordeaux a été appelée à trancher la
question de savoir si le privilége doit s'appliquer au
supplément de part héréditaire fourni par l'un des
copartageants aux autres à titre de transaction sur
une demande en rescision pour cause de lésion. Elle
a décidé que l'indemnité offerte était un complément
de part et qu'elle devait être garantie de la même manière que les soultes. Les adversaires de cette opinion
prétendaient qu'il y avait là une véritable transaction
et non pas une opération de partage, que par conséquent le privilége de l'art. 2103 3° se trouvait écarté;
ils appuyaient leur système sur l'art. 888 C. N , lequel déclare que l'action en rescision n'est plus ad-

missible contre l'acte intervenu. Mais on leur répondait que si l'art. 888 affranchit cet acte de l'action en rescision, il ne statue pas sur la question de privilége et que l'indemnité promise au lésé représente une partie de ce qu'il devait prendre dans la m asse indivise, qu'en conséquence le paiement de cette indemnité devait être garanti par un privilége au même titre que le paiement des soultes ou retours de lots;

5° Pour que les descendants soient privés de leur lot, il faudra qu'ils se trouvent dans l'un des cas de l'art. 727, c'est-à-dire qu'ils soient écartés de la succession comme indignes.

Nous venons d'indiquer le caractère du partage testamentaire et les conséquences qui en découlent ; quant à l'acte en lui-même, il est essentiellement révocable. La révocation peut être totale ou partielle, expresse ou tacite ; la révocation tacite peut résulter de l'incompatibilité ou de la contrariété de deux partages successifs (1036), ou bien de l'aliénation de la totalité de ses biens faite par l'ascendant postérieurement au partage. La révocation expresse doit être faite par un testament postérieur ou par un acte notarié portant déclaration du changement de volonté (art. 1035).

Que décider si des changements de valeur sont survenus dans les divers lots soit du fait de l'ascendant soit par cas forfuit ?

Nous pensons que si les changements détruisent

l'économie du partage, ce partage devra être annulé : mais que s'ils ne produisent ni lésion de.plus du quart, ni avantage plus grand que la loi ne le permet, ils sont valables et ne doivent donner lieu à aucune indemnité. En effet, lorsque l'ascendant a par son fait modifié la composition des lots, ou qu'il a eu connaissance des changements fortuits et qu'il n'a point avant sa mort réparé les inégalités qui en résultent, il faut croire qu'il a voulu que les lots fussent délivrés dans leur nouvel état, et cette volonté doit être respectée s'il n'y a ni lésion de plus du quart ni avantage excessif. Nous adoptons aussi l'opinion des jurisconsultes qui donnent la même solution pour le cas où l'ascendant n'a pas eu connaissance des changements survenus, de telle sorte qu'il s'est trouvé dans l'impossibilité de réparer les inégalités; car, dans les partages d'ascendants, la loi ne s'occupe pas des inégalités qui ne donnent ouverture à aucune des actions de l'art. 1079.

M. Demolombe soutient que les changements doivent être laissés à l'appréciation des tribunaux, qui accorderont des indemnités aux copartagés lésés si les augmentations ou les diminutions survenues depuis le partage ont produit des inégalités d'une certaine importance.

M. Genty fait une distinction, qui nous paraît entièrement inadmissible, entre les changements provenant du fait de l'ascendant et ceux qui résultent de cas fortuits. Les dispositions d'un partage d'ascendants, dit le savant auteur, forment un tout indivisible ; l'ascendant a montré dans son partage quelles proportions il entendait établir entre ses descendants. Si plus tard il fait une aliénation partielle, on ne doit pas appliquer à ce cas l'art. 1038; car il faudrait, pour l'application de cet article, supposer que l'ascendant s'est proposé, par l'aliénation, de modifier les proportions fixées dans son partage; or l'aliénation n'était peut-être de sa part qu'un acte de sage administrateur. La lésion doit donc être réparée quoiqu'elle n'atteigne pas le quart, et il faut faire peser sur tous les copartagés, proportionnellement à leur part héréditaire, la perte résultant de l'aliénation.

Si ce sont des circonstances fortuites qui ont amené les changements dans la composition des lots, il n'y aura plus lieu à aucune indemnité, car chacun doit, conformément à l'art. 1018, prendre sa part héréditaire dans l'état où elle se trouve lors de l'ouverture de la succession, à supposer que ces changements ne donnent pas lieu à l'exercice de l'une des deux actions de l'art. 1079.

Cette distinction nous paraît bizarre : puisque M. Genty admet que les changements fortuits ne donnent lieu à aucune indemnité, comment peut-il décider l'inverse au cas où les changements proviennent du fait de l'ascendant ? Dans ce dernier cas on peut supposer à l'ascendant l'intention de modifier la composition des lots, tandis que cette présomption est impossible en présence de changements fortuits.

Nous arrivons au partage entre-vifs : les rédacteurs

du Code Napoléon n'ont pas reproduit les règles de l'ancienne démission de biens, ils ont fait en cette matière de nombreuses innovations, mais on leur a justement reproché de n'avoir pas nettement détermi- né le caractère de cette institution sur lequel on a beaucoup discuté.

Dans une première opinion, qui a été consacrée jusqu'en 1845 par de nombreux arrêts de la Cour de cassation, il a été soutenu que ce partage était l'ou- verture anticipée de la succession du disposant : dès le jour du partage tout est réglé définitivement par rapport aux biens partagés. Quant à ceux que l'ascen- dant laisse à sa mort, ils feront l'objet d'un nouveau partage, il y aura ouverture d'une nouvelle succes- sion. Le partage entre vifs produit tous ses effets du jour où il a été consenti : privilége, garantie, actions en rescision et prescription de ces actions ; c'est aussi à cette époque que doivent s'estimer les biens pour savoir s'il y a lésion de plus du quart ou bien avan- tage excessif. Ce système s'appuie sur une raison pratique excellente; en effet, si l'on reporte au jour du décès du disposant l'exercice des actions en garantie, il peut arriver que l'héritier évincé n'aura de recours à exercer que contre des copartagés insolvables ; d'un autre côté, si l'estimation des biens doit se faire, pour les actions en rescision, d'après la valeur de ces biens au jour du décès du disposant il n'y aura plus de stabilité dans les partages entre-vifs, car il est impos-

sible de prévoir les changements de valeur que ces
biens pourront subir (Sirey. Cass. 4 février 1845.
Tome 45, première partie page 305, et 12 juillet 1836,
tome 36, première partie, page 534).

Ces motifs d'équité n'ont pas suffi pour faire prévaloir cette opinion, et la Cour de cassation l'a abandonnée Ce système conduisait à dire qu'un homme peut
laisser deux successions, et entraînait les plus fâcheux
résultats : supposons qu'un ascendant possède une
fortune de cent mille francs et qu'il ait trois enfants ;
il partage entre-vifs une partie de sa fortune soit
60,000 francs et se réserve l'autre partie qu'il lègue à
un tiers. Avec le système de deux successions, et par
conséquent de deux réserves et de deux quotités dis-
ponibles, le *de cujus* n'a pu léguer que le quart des
biens qu'il avait à son décès (10000 fr.) ; tandis que le
partage entre-vifs, aurait pu comprendre une donation
à ce tiers de 25,000 francs.

On invoquait encore à l'appui de cette doctrine le
principe de l'irrévocabilité des donations et l'article
1077 où nous lisons que : *ceux des biens qui n'auront
pas été compris dans le partage seront partagés conformément à la loi.* Mais le système, que nous admettons, et qui consiste à faire un rapport fictif, ne
porte aucune atteinte à l'irrévocabilité des donations ;
en effet, ce rapport fictif n'a pas pour résultat de faire
exécuter le legs sur les biens donnés, il est entendu
qu'une fois la quotité disponible fixée, le père de

famille ne peut toucher aux biens donnés. Ce n'est qu'une affaire de calcul, qui par conséquent ne porte aucune atteinte à la l'irrévocabilité des donations. L'article 1077 ne prouve pas qu'il y ait règlement d'une deuxième succession indépendante de la première, il dit qu'il y aura un deuxième partage, mais qui dit deuxième partage ne dit pas deuxième succession (887 argt.).

Au surplus, la preuve que le partage entre-vifs n'est pas l'ouverture anticipée d'une succession, c'est que le partage peut être valable quoique tous les descendants n'y aient pas été compris, si, par exemple, l'enfant omis meurt avant l'ascendant.

Un second système considère le partage entre-vifs comme une donation en avancement d'hoirie et les descendants comme des donataires, cette donation produit des effets immédiats ; mais on l'assimile au partage testamentaire en ce que les enfants ne peuvent exercer du vivant de l'ascendant, ni les actions qui appartiennent aux héritiers, ni même celles qui appartiendraient à des copartagés.

Dans ce système, notre opération ne peut exister comme partage que lorsque la succession sera ouverte; les descendants ne peuvent être considérés comme copartagés qu'autant qu'ils sont héritiers et durant la vie de l'ascendant, le partage entre-vifs conserve exclusivement le caractère de donation entre-vifs. La Cour de cassation a adopté ce système depuis 1845. Il résulte de cette doctrine que si l'un des enfants renonçait à la succession, il n'aurait jamais été que donataire, et à son égard l'acte n'aurait pas les effets d'un partage ; il ne pourrait donc pas intenter d'action en garantie s'il était évincé; il n'aurait pas de privilége, etc.

Même dans cette opinion, l'obligation de payer la soulte est admise ; on ne peut nier qu'elle existe au moment de la donation, car si on écarte l'obligation de partage, elle subsiste comme condition de la donation. La base de ce système est que tant que la succession n'est pas ouverte, on ne peut pas dire qu'elle est partagée, il ne peut être question de partage que lorsque le droit de copropriété sera né, c'est un retour partiel à la démission de biens. Comment concevoir d'ailleurs que les descendants aient le droit de se plaindre durant la vie de l'ascendant ? Celui-ci n'avait-il pas le droit de disposer de ses biens selon son bon plaisir. Ce système, admis par de nombreux auteurs, ne nous paraît pas bon. En effet, voir dans un partage entre-vifs un acte éventuel et futur, c'est, à notre sens, méconnaître le caractère nouveau que les rédacteurs du Code ont voulu donner à cette institution. Dans l'ancien droit le partage d'ascendants et la démission de biens avaient certainement ce caractère éventuel ; mais notre donation-partage est bien différente : elle transfère aux enfants non pas des droits soumis à l'obligation du rapport, une propriété réso-

luble au cas où le démissionnaire ne devient pas
héritier, mais une propriété immédiate et incommu-
table. Il faut écarter l'idée fondamentale de ce système
d'après laquelle il ne peut y avoir partage tant que la
succession n'est pas ouverte ; car il peut y avoir partage et on doit par conséquent en appliquer les règles
dans une indivision quelconque, et en dehors du partage de succession, il y a ici le partage des biens abandonnés par indivis aux descendants.

Dans un troisième système, on soutient également
que pendant la vie de l'ascendant, les copartagés ne
sont que des donataires et que les actions qui tendent
à attaquer le partage ne pourront être exercées qu'au
décès de l'ascendant, mais que les actions dont le
but est, au contraire, de maintenir le partage, pourront
être intentées du jour même du partage. En effet,
dit-on, les articles 1078 et 1079, ne déclarent suspen-
dues jusqu'au décès de l'ascendant que les actions qui
ont pour but d'attaquer le partage. La garantie, d'ailleurs, doit être exercée de suite, car le disposant n'a-
vait pas la pensée de laisser parfois illusoires les
recours entre copartagés. Nous considérons ce système
comme purement arbitraire ; si le partage n'est
qu'une donation jusqu'au décès, la garantie n'en peut
résulter de plein droit et jusqu'à ce jour les effets des
partages doivent être tous uniformément suspen-
dus.

Un quatrième système considère le partage entre-vifs, comme produisant *hic et nunc*, ses effets en tant que partage et les conservant même à l'égard des copartagés qui renoncent à la succession du disposant. Ce système nous paraît préférable à ceux que nous venons d'exposer; nous pensons que ce partage a pour objet la distribution d'une masse commune entre les enfants du disposant et que cette distribution est précédée tacitement d'une sorte d'abandon par indivis, d'une sorte d'attribution collective. Ce partage se dédouble en deux actes : 1° abandon collectif des biens ; 2° partage de cette copropriété constituée virtuellement par la donation. Les descendants seront donc du jour même de l'acte des donataires copartagés. Le père de famille partage ses biens présents, il fait délivrance des lots aux copartagés, il les met en possession et ne fait nullement un partage destiné à être exécuté par ses héritiers à son décès. Supposons que l'ascendant s'est borné à faire un abandon collectif de ses biens laissant à ses descendants le soin d'effectuer le partage et que ceux-ci partagent les biens donnés en dehors de toute pression que pourrait exercer l'ascendant, tout le monde reconnaît que cet acte produit immédiatement tous les effets d'un partage ; et si la distribution est faite par le père de famille, on n'y voit plus que des donations distinctes! Cette distinction entre deux hypothèses d'une analogie si frappante n'a-t elle pas quelque chose de choquant ? Si l'ascendant avait voulu faire le partage de sa succession, il

faudrait en conclure que l'enfant renonçant perdrait
son lot comme dans l'ancienne démission de biens ;
mais aujourd'hui cet enfant qui renonce conserve la
propriété des biens qu'il a reçus, donc l'ascendant a
fait le partage des biens abandonnés collectivement et
non le partage de sa succession.

D'ailleurs l'ascendant a dit qu'il voulait faire le partage de ses biens ; si nous voulons tenir compte de ses
termes, nous ferons immédiatement produire à cet
acte les effets propres aux partages : garantie, privilége, actions en rescision ; puis au décès de leur
auteur, les descendants deviendront ses héritiers et
pourront alors intenter les actions spéciales aux héritiers, c'est-à-dire l'action pour omission de l'un
d'eux et celle qui résulte de l'art. 1079 *in fine*.

§ II. — *Formes des partages d'ascendants.*

Art. 1076 : Ces partages pourront être faits par
actes entre-vifs ou testamentaires avec les formalités,
conditions et règles prescrites pour les donations
entre-vifs et les testaments.

Cet article consacre une innovation notable ; dans
notre ancien droit français les partages d'ascendants
jouissaient de certains priviléges au point de vue de
la forme ; aujourd'hui plus d'immunités à cet égard,
nous pensons que c'est avec raison que les rédacteurs

du Code ont aboli ces priviléges, car les formalités des testaments et des donations protégeront l'ascendant contre les manœuvres qui pourraient égarer sa volonté.

Nous allons signaler ce qu'il y a d'essentiel dans ces formes. Quant au partage testamentaire, que l'ascendant le fasse par testament public, mystique ou olographe, l'intervention des descendants y est inutile. Cependant elle ne vicierait pas le partage, mais elle n'aurait pas pour effet de leur enlever le droit de demander la nullité du partage.

L'ordonnance de 1735 autorisait pour les partages les testaments conjonctifs, c'était là du reste une exception. L'art. 968 du Code Napoléon ne reproduit pas cette exception, et nous croyons qu'en cela nos législateurs ont fait acte de sagesse ; car si nous supposons qu'un ascendant est décédé, de deux choses l'une, ou bien le survivant aurait conservé le droit de révocation et la volonté du prédécédé aurait été violée, ou bien le survivant aurait perdu ce droit et la disposition testamentaire aurait été irrévocable; ce qui est contraire à la nature des testaments.

Les partages entre-vifs exigent le concours de l'ascendant qui donne et des descendants qui reçoivent. L'acte doit être passé devant notaire, il en doit rester minute, et il doit être fait mention de l'acceptation expresse des descendants (931). Ceux-ci peuvent évidemment accepter par acte postérieur, mais cet acte doit être également authentique et signifié à l'ascendant.

On a soulevé la question de savoir s'il fallait, pour que l'acte fût parfait, attendre l'apposition des signatures de chacun des descendants ; nous pensons que cette apposition est nécessaire, car l'ascendant a voulu faire un acte indivisible et nous en concluons : 1° que l'ascendant reste libre de révoquer l'acte jusqu'à l'apposition de la dernière signature ; 2° que s'il meurt avant l'apposition de cette dernière signature, l'acte ne pourra valoir ; et 3° que le refus de signer de la part d'un seul fera tomber tout le partage. Si un partage est fait par testament, le refus d'accepter de la part de l'un des copartagés ne l'empêche pas de valoir.

Si le partage entre-vifs comprend du mobilier, on devra dresser conformément à l'art. 948 un état estimatif qui devra être annexé à l'acte de partage, et s'il comprend des immeubles, il devra être transcrit au bureau des hypothèques dans l'arrondissement duquel les biens sont situés (939, art. 2., loi du 23 mars 1855).

Un ascendant a déclaré donner la différence en plus à l'enfant qui se trouve avoir un lot plus fort. Cette clause est-elle valable ? Nous pensons que l'on doit résoudre cette question par l'affirmative ; la raison de douter c'est que la validité de cette clause a pour résultat d'enlever aux descendants l'action en rescision pour lésion de plus du quart et que la loi prohibe les clauses qui portent atteinte à cette action en rescision (884 et 887) : on ajoute que si c'est là un précipu, ce n'est pas un précipu exprès, d'où il résulte qu'il est frappé de nullité. Nous répondons que ce n'est pas là une clause de partage, qu'en conséquence, les art. 884 et 887 ne sont pas applicables à notre espèce ; c'est soit une donation, soit un legs et le précipu est suffisamment exprimé, car la loi n'exige pas que l'ascendant explique d'une façon plus précise quel est le lot qu'il entend favoriser ; il suffit que le donataire ou le légataire ne soit pas une personne incertaine.

De nombreuses différences séparent les effets des donations préciputaires et ceux des dispositions résultant des partages d'ascendants : Dans une donation la clause de précipu doit être expresse (art. 843); dans un partage, la dispense de rapport est de droit, car le rapport serait l'anéantissement du partage : dans une donation le précipu ne peut pas dépasser les limites de la quotité disponible, le partage au contraire peut entamer la réserve. L'enfant omis dans des donations préciputaires faites à ses frères et sœurs n'a que le droit de leur réclamer sa réserve ; s'il avait été omis dans un vrai partage, il aurait une action en nullité contre le partage. L'enfant qui prétend que ses droits héréditaires ont été violés par des donations préciputaires n'a qu'une action en réduction. Celui qui est lésé dans un partage fera tomber ce partage s'il prouve qu'il a subi une lésion de plus du quart.

Il est donc très-important de savoir si telle disposition est un legs ou une donation, ou bien au contraire un partage d'ascendants. C'est là une question de faits que les Cours impériales sont appelées à juger souverainement. On doit s'en rapporter au caractère de l'acte et non à sa qualification : *non sermoni res, sed rei sermo subjectus*. Le partage se reconnaît à un signe remarquable : à la collectivité ; les dispositions préciputaire sont le plus souvent individuelles Il arrive quelquefois qu'un partage est déguisé sous la forme d'actes à titre onéreux, par exemple de ventes avec réserve d'usufruit. Si les tribunaux déclarent que ces actes ne voilent pas un partage et si les enfants, qui auraient le droit de se plaindre, ont consenti à ces aliénations ils n'auront aucun recours à exercer contre leurs frères ou sœurs, ils ne pourront même pas leur demander leurs réserves (art. 918, C. N.).

Peut-on considérer comme régi par la loi de 1824 l'acte par lequel un ascendant fait abandon de ses bien à ses descendants sans faire de répartition entre eux ? On a soutenu la négative et on a dit que la loi ne s'étant pas occupée des abandons par indivis, ils restent soumis au droit commun des donations. La loi du 12 juin 1824 ne s'applique qu'*aux donations portant partage faites par actes entre-vifs conformément aux articles 1075 et suivants, par père, mère ou autres ascendants entre leurs ascendants.* Les expressions *portant partage* prouvent que cette loi ne vise que les actes qui comprennent une division matérielle des biens. Au surplus, cet abandon, loin d'être un partage, crée une indivision. M. Genty ajoute que le but du législateur en favorisant les partages d'ascendants était de prévenir les difficultés qui naissent des partages après décès, or ce but n'est pas atteint dans notre espèce puisque l'ascendant vient établir l'indivision.

La Cour de cassation a rejeté ce système, il ne faut pas s'attacher aux expressions de la loi de 1824 ; car cette loi déclare simplement qu'elle régit les partages d'ascendants tels que les a organisés le Code Napoléon. Elle a voulu assimiler au point de vue fiscal les successions et les donations en ligne directe. L'art. 1075 n'a rien d'exclusif, il parle de ce qui arrive le plus souvent. De plus les rédacteurs du Code en rédigeant les art. 1075 et suiv. avaient en vue les anciennes démissions de biens, et ces démissions sans division matérielle étaient valables. L'opinion contraire s'appuie sur le but du partage d'ascendant qui n'est pas rempli, dit-on, par un acte créant l'indivision, mais n'oublions pas que les législateurs en favorisant les partages d'ascendants n'ont pas eu que le désir d'éviter les contestations entre cohéritiers, ils ont encore voulu dans l'intérêt de la bonne administration des biens et de la richesse publique, voir passer dans des mains jeunes et actives un patrimoine qu'un ascendant âgé voyait dépérir entre les siennes.

Lorsqu'un ascendant fait un abandon collectif de ses biens à ses descendants sans en effectuer le partage, ceux-ci procèderont eux-mêmes à cette opération. Si ce partage a été passé sous l'influence de l'ascendant, il est lié à l'abandon collectif et nous avons là séparés les deux éléments qui constituent le caractère des partages d'ascendants ; ces deux actes ne forment qu'un tout et nous sommes en présence d'un partage d'ascendant ordinaire. Si au contraire ce partage a été fait sans que les copartageants aient subi l'influence de l'ascendant, il y aura là un partage soumis aux règles du droit commun.

La question de savoir si le partage est l'œuvre libre des enfants est une question de fait laissée à l'appréciation des tribunaux.

Les partages renferment souvent des charges, des termes et des conditions, etc.

§ III. — *Par qui et entre qui peuvent être faits les partages d'ascendants.*

Ces partages confèrent en réalité aux ascendants un pouvoir qui a quelque chose d'exceptionnel ; en effet, l'ascendant dispose par voie d'attribution de lots non-seulement de la quotité disponible, mais encore de la réserve, aussi fallait-il une disposition spéciale pour lui donner ce droit. Nous pensons donc que tout autre personne que l'ascendant, qui a des héritiers réservataires, ne peut pas comprendre sa réserve dans un partage ; ainsi un fils pourrait parfaitement partager sa quotité disponible par donation ou par testament entre son père et sa mère, mais il ne pourrait pas comprendre sa réserve dans ce partage. Mais s'il s'agit d'une personne qui n'a pas d'héritiers réservataires, rien ne s'oppose à ce que cette personne fasse le partage de ses biens entre ses héritiers présomptifs ; c'est ainsi qu'un oncle pourra distribuer son patrimoine entre ses neveux ; mais en principe cet oncle ne fera pas un partage, il fera une série de legs embrassant toute sa succession. Cependant, à notre sens, rien ne s'oppose à ce que cet oncle sans réservataires fasse un véritable partage. Voici l'intérêt de la question : Les partages ordinaires sont rescindables pour cause de lésion de plus du quart, ils donnent lieu à la garantie des lots, de plus cette garantie est munie d'un privilége ; ces effets se produisent dans les partages d'ascendants. Nous n'hésitons pas à dire que si l'oncle a manifesté l'intention de faire un partage, ce partage produira, en vertu de la volonté du testateur, tous les effets du partage d'ascendants ; le doute s'est élevé sur le privilége ; quant à nous, nous pensons que le privilége doit exister. On en a douté parce que nos textes ne parlent que des partages d'ascendants; mais la raison en est que dans ce cas il s'agit d'un partage entre réservataires et que pour toucher à la réserve il fallait une loi spé-

ciale. Au contraire, quand il n'y a pas de réservataires, il était entièrement inutile d'accorder ce droit.
Voir Accolas p. 655.

Ces expressions : *enfants et descendants* de l'art.
1075 comprennent certainement les enfants légitimés (art. 333) et les enfants adoptifs (350 C. N.); mais
comprennent-elles les enfants naturels reconnus ?
La question est controversée. Dans un premier système on soutient que les enfants naturels ne peuvent
pas être compris dans un partage d'ascendants ; l'idée
fondamentale de ce système c'est que l'enfant naturel
est simplement créancier de la succession paternelle.
Cette idée ne nous paraît pas exacte, l'art. 757 lui attribue une portion de ce qu'il aurait eu s'il avait été
légitime : il n'a point le titre d'héritier (art. 756), mais
son droit est un véritable droit de propriété. L'art.
1078 nous montre bien qu'il faut résoudre notre question par l'affirmative : Cet article décide que tous les
enfants légitimes, légitimés et adoptifs (tout le monde
le reconnaît) existants à l'époque du décès de l'ascendant doivent figurer dans la distribution des biens
qu'il a faite. Ce texte ne prouve-t-il pas que la loi a
entendu assimiler ce partage à celui qui aurait été
fait *ab intestat* le jour même du décès, en exigeant
pour l'un comme pour l'autre la présence de tous les
descendants héritiers *ab intestat* de l'ascendant à
cette époque ? Ces expressions de l'art. : « enfants et
descendants des enfants prédécédés » nous montrent

que les législateurs ont voulu assujettir l'ascendant à
faire tout ce qui était en son pouvoir pour supprimer
à son décès l'indivision entre ses enfants héritiers
présomptifs : mais, a-t-on dit, les enfants naturels ne
sont pas héritiers ; à cette objection il est une réponse
bien simple, l'art. 756 s'explique historiquement ; les
rédacteurs du Cod. Nap. ont voulu enlever aux enfants naturels les droits de succession qu'ils avaient
sous le droit intermédiaire, et ils ont exprimé dans
l'art. 756 la différence qu'ils allaient établir entre ces
enfants et les enfants légitimes; mais finalement la
seule modification qu'ils aient faite, n'a porté que sur
la quotité des droits héréditaires de l'enfant naturel.
Celui-ci étant successeur par *intestat* de ses père et
mère, doit être compris par eux dans le partage,
l'art. 1078 ne fait aucune distinction entre les enfants
naturels et les enfants légitimes ; nous pensons donc
que l'omission d'un enfant naturel dans un partage
d'ascendant entrainera la nullité de ce partage. Mais
cette omission ne vicie pas le partage si le père naturel a donné à son fils la moitié de sa part héréditaire, en déclarant qu'il entendait le réduire à cette
moitié (761, C. N.).

M. Genty a soutenu que le partage par rapport à
l'enfant naturel ne devait pas avoir le caractère de
partage : car cette opération permet d'avantager in-
directement l'un de ses enfants ; or l'art. 907 prohibe
toute disposition qui accorderait à l'enfant naturel

plus de biens que la loi ne le permet. Le savant auteur pense que le partage n'est vis-à-vis de l'enfant
naturel qu'une donation ou un legs ; et que si la part
attribuée à l'enfant excède celle de l'art. 757, il doit y
avoir réduction, que si au contraire elle est inférieure
à la quote-part accordée par le même article, il y aura
lieu à une augmentation supplémentaire.

Pour nous, il nous est impossible de ne pas reconnaître que l'enfant naturel est un véritable copart a-
geant ; il aura l'action en garantie et le privilége, il
ne pourra se plaindre que s'il a été lésé de plus du
quart, et si nous admettons avec M. Genty qu'il est
soumis à une réduction quand même ses copartageants
ne seraient pas lésé de plus du quart, c'est que le
partage d'ascendant est soumis, quant à la capacité
des parties, aux règles prescrites pour les donations
entre-vifs et les testaments.

Si l'ascendant a des petits enfants qui soient, par
suite de la mort de leur père, ses héritiers présomptifs, les dispositions qu'il fait en leur faveur sont de
véritables attributions soumises à toutes les règles
des partages. Si l'ascendant comprend dans son partage ses enfants et ses petits enfants dont les pères
sont actuellement vivants, cette opération n'aura pas
le caractère de partage vis-à-vis des petits enfants. En
effet, la distribution des biens de l'ascendant ne doit
se faire qu'entre les ayants-droit, le partage ne eras
donc pas valable si les copartagés ne sont pas héritiers

présomptifs du disposant ; la Cour de cassation traite cet acte comme une pure donation et lui a refusé le bénéfice de la loi de 1824.

Lorsqu'un ascendant a disposé d'une quote-part de ses biens en faveur d'un étranger, peut-il encore faire le partage de ses biens entre ses enfants ? Si le donataire n'est pas appelé au partage d'ascendants, il aura le droit de faire annuler ce partage, d'où il résulte que, l'on ne reconnaît pas à l'ascendant le droit de comprendre le donataire dans la distribution de ses biens, il ne lui sera pas possible de faire un partage. On a soutenu qu'il ne fallait pas comprendre le donataire dans le partage, car ce serait porter atteinte à l'irrévocabilité des donations, et que si le partage était testamentaire, ce serait enlever au donataire le droit d'intervenir au partage. On ajoute qu'il faudrait ou traiter le donataire intervenant au partage comme un étranger, pouvant se plaindre de la moindre lésion et l'on verrait alors un enfant préciputaire et copartagé avoir un droit plus respecté comme donataire que comme réservataire, ou le traiter comme un copartagé ne pouvant se plaindre qu'en cas de lésion de plus du quart et le principe de l'irrévocabilité des donations serait violé, car l'ascendant pourrait enlever au donataire le quart de la quotité qui faisait l'objet de la donation.

Cette opinion nous paraît bien rigoureuse, elle enlève à l'ascendant qui a fait une donation de quotité, le droit de partager ses biens entre ses enfants ; aussi deux autres systèmes permettent-ils à cet ascendant de faire un partage. Mais ces deux systèmes ne sont pas d'accord sur le caractère de la disposition relativement au donataire. Dans l'un, on soutient que c'est un acte de disposition, car, dit-on, s'il en était autrement, le donataire ne pourrait se plaindre que dans le cas où il éprouverait une lésion de plus du quart et ce serait un moyen trop facile offert à l'ascendant de porter atteinte à l'irrévocabilité des donations ; le donataire est donc en droit d'exiger la valeur de sa portion pleine et entière. Dans l'autre, on dit que le droit du donataire ne doit pas être plus inviolable que le droit des réservataires; et que, par conséquent, le donataire ne peut attaquer le partage que lorsqu'il éprouve une lésion de plus du quart. L'ascendant, en faisant une donation d'une quote-part de ses biens, n'a pas entendu renoncer au droit de faire un partage de ses biens; le donataire doit être compris dans ce partage, l'acte devient indivisible et doit produire pour tous les mêmes effets; au surplus, lorsqu'on reconnaît à l'ascendant donateur d'une quotité le droit de faire un partage et qu'on exige que le donataire reçoive la quotité intégrale qui lui revient, n'est-ce pas enlever d'une part à l'ascendant ce qu'on lui accorde de l'autre ? Mais les autres copartagés ne pourront-ils se plaindre que s'ils sont lésés de plus du quart, et ne pourront-ils pas faire réduire la part du donataire qui entame la réserve ? La troisième opinion décide que les réservataires auront l'action en déduction de l'art. 920 et que le donataire n'obtiendra que la quotité disponible ; la loi prohibe toutes les libéralités qui auraient pour but de dépasser la quotité disponible ; les magistrats apprécieront si l'ascendant a eu recours au partage pour violer la loi, l'action en réduction devra être intentée ; si au contraire l'avantage fait au donataire ne résulte que d'une erreur d'estimation, l'action en réduction ne sera pas recevable.

La promesse d'égalité faite par un ascendant lui enlève-t-elle le droit de faire un partage ? Non, d'après la jurisprudence. Quelle sera l'étendue des pouvoirs de l'ascendant ? Un arrêt de la Cour de cassation du 15 mars 1827 avait décidé que l'égalité promise dans un contrat de mariage ne peut s'entendre d'une égalité mathématique, mais seulement dans le sens de ne faire aucun avantage aux cohéritiers. Un arrêt de la Cour de Limoges du 29 février 1832 a décidé, au contraire, que la simple lésion suffisait pour opérer la rescision du partage ; cette doctrine ne nous paraît guère admissible, car il vaut mieux refuser au père de famille le droit de faire un partage que de lui reconnaître un droit illusoire ; cependant la Cour de cassation dans un arrêt du 26 mars 1845, semble lui donner raison ; en effet, elle reconnaît que l'ascendant doit observer *scrupuleusement* l'égalité promise.

Quelles sont les conditions de capacité requises chez

les parties pour figurer dans un partage d'ascendants?
L'art. 1076 nous donne d'une manière générale la
solution de notre question, il porte que ces partages
seront faits avec les formalités, conditions et règles
prescrites pour les donations entre-vifs et les testaments.
Occupons-nous d'abord de la capacité requise chez
l'ascendant : il faut exiger de lui la capacité de disposer à titre gratuit, donc le père de famille condamné
à une peine afflictive perpétuelle et privé de la capacité de disposer à titre gratuit ne pourrait ni par acte
entre-vifs, ni par testament faire le partage de ses
biens entre ses enfants ; donc le mineur ne pourrait
pas faire un partage d'ascendants par acte entre-vifs
(903, Cod. Nap). S'il était âgé de plus de seize ans,
pourrait-il faire un partage testamentaire? en pratique, cela se présentera fort rarement, mais ce n'est
pas impossible. Il n'est pas douteux qu'il puisse faire
le partage de ce dont il peut disposer par testament ;
mais que faut-il décider relativement à la partie des
biens dont il ne peut pas disposer ? Des auteurs ad-
mettent à tort qu'il peut la distribuer ; en effet, on ne
pourrait soutenir cette opinion qu'en prenant comme
point de départ cette idée, que la portion dont il est
interdit au mineur de disposer par testament est une
sorte de réserve spéciale, faite au profit de la famille ;
or cette idée est fausse. L'art. 904 ne renferme pas une
réserve, mais une limite de capacité ; il faut donc
conclure que le mineur ne peut au delà de cette

mesure déterminée par l'art. 904, faire le partage de
ses biens entre ses enfants.

La femme mariée peut faire un partage testamentaire sans l'autorisation de son mari (art. 226 et 905
2° du Cod. Nap.); mais cette autorisation lui est nécessaire si elle veut faire un partage entre-vifs (art. 905,
1°). Quant à l'interdit, on admet généralement qu'il
ne peut pas faire un partage d'ascendant; cependant
on a soutenu qu'il peut faire tous les actes pour
lesquels ils n'est pas représenté, entre autres les
donations et par conséquent un partage d'ascendant.

Arrivons à la capacité requise chez les descendants.
Si le partage est fait par actes entre-vifs, il faut exiger
des enfants copartagés la capacité de recevoir à titre
gratuit, car ici, certainement, le partage d'ascendants
contient une donation; nous en concluons que si
parmi les enfants il s'en trouve un qui ait subi une
condamnation afflictive perpétuelle (art. 2, 31 mai 1854)
le partage d'ascendants entre-vifs ne sera pas possible
parce que cet enfant ne pourra pas être compris dans
le partage, et que l'art. 1078 frappe de nullité le partage qui ne comprend pas tous les enfants. Nous avons
vu tout à l'heure que si c'est l'ascendant qui est condamné à une peine afflictive perpétuelle, il est incapable de faire un partage; mais, dans ces deux cas,
le partage pourra être effectué si le chef de l'État
relève de leur incapacité les descendants ou les ascendants (art. 3, loi du 31 mai 1854). Mais si cette grâce

partielle n'intervient pas, nous ne pensons pas qu'on puisse arriver à faire le partage par un biais qui consisterait à en reporter les effets quant au descendant incapable, au décès du père de famille, car même en reculant les effets du partage, l'enfant n'en aurait pas moins eu un droit acquis du jour de l'acte, ce qui n'est pas possible. S'il s'agit d'un partage testamentaire, nous pensons que la seule capacité requise chez les descendants est celle de succéder *ab intestat*, et non celle de recevoir à titre gratuit ; le partage testamentaire, à moins de libéralités préciputaires, ne contien aucune libéralité, il n'est que le règlement par voie de partage de la succession déférée aux enfants. D'où nous concluons que le partage testamentaire ne sera pas rendu impossible par la circonstance que l'un des copartagés aurait été frappé d'une peine afflictive perpétuelle ; ce condamné est privé de la capacité de recevoir des libéralités par testament et l'ascendant ne pourra pas faire de préciput à son profit, mais il a des droits à la succession *ab intestat*.

Lorsque l'ascendant a un fils absent qu'il a compris dans son partage, quelles seront les personnes qui accepteront au nom de l'absent ? Si l'on est encore dans la période de simple présomption d'absence, l'ascendant provoquera la nomination d'un mandataire *ad hoc* et il ne sera pas obligé de se conformer à l'art. 113, C. N. S'il y a eu déclaration d'absence et envoi en possession, ce seront les envoyés en possession qui accepteront. L'acceptation est soumise aux formes des donations (art. 1076, C. N.); par conséquent, si plusieurs mineurs ayant le même tuteur se trouvent avoir des intérêts opposés dans le partage, il n'est pas nécessaire de leur nommer à chacun un tuteur spécial comme s'il s'agissait d'une succession ordinaire (art. 838, C. N.). Le partage peut être au nom du mineur accepté par un ascendant; mais nous ne pensons pas que l'ascendant puisse accepter, au nom de son enfant, le partage fait par lui-même, car ce serait exagérer la confiance que la loi peut avoir dans l'affection du père de famille, et exposer les descendants à se trouver liés, sans leur assentiment, par des engagements qui sont quelquefois fort graves.

§ IV. — *Composition des lots.*

En cette matière, il y a des principes spéciaux au partage entre-vifs ou au partage testamentaire, et d'autres qui sont communs aux deux formes de partage. Un principe spécial à la donation-partage est exprimé dans l'art. 1076 qui porte que « les partages faits par actes entre-vifs ne pourront avoir pour objet que les biens présents » ; mais, a-t-on dit, cette disposition est inutile, car elle ne fait que répéter la règle de l'art. 943. Cependant on a voulu lui trouver une utilité, et voici quelle signification on lui a donnée : si

une donation ordinaire comprend des biens présents
et des biens à venir, elle est nulle pour les biens à
venir et valable pour les biens présents ; tandis que
si un partage entre-vifs comprend à la fois des biens
présents et des biens à venir, le partage est nul pour
le tout. Nous ne pensons pas que telle ait été la pensée des rédacteurs du Code, et nous dirons que l'art.
1076 n'est qu'une application au partage entre-vifs
des règles des donations. Les rédacteurs, selon nous,
ont voulu, en rédigeant l'art. 1076, déroger à la
démission de biens ; cet art. n'était nécessaire que
pour repousser formellement les règles de la démission. Cependant nous ne maintiendrons pas relativement aux biens présents un partage où se trouvent
des biens présents et des biens à venir, lorsque le retranchement des biens à venir porte atteinte à l'économie du partage.

Dans un partage testamentaire, il suffit au contraire
que les objets partagés appartiennent à l'ascendant
au jour de son décès; ce partage peut donc s'appliquer
à des biens à venir, c'est-à-dire à des biens qui ne lui
appartiennent pas au moment où il le fait, mais qui
lui adviendront plus tard.

L'art. 1077 permet implicitement les partages partiels contrairement à notre ancien droit français. Nos
anciens auteurs disaient que le but des partages d'ascendants était d'éviter les difficultés qui naissaient
dans un partage après décès, et que ce but n'était pas

atteint si l'indivision subsistait encore pour certaines
choses ; ils en concluaient qu'il ne fallait pas favoriser
les partages partiels.

Le Code a bien fait d'abandonner ce système, car il
arrive souvent que le partage de tels biens déterminés
seulement fait craindre des procès entre cohéritiers.
Lorsque ces biens que tous les héritiers convoitent ou
dont le partage est très-difficile auront été partagés,
par l'ascendant, les causes de contestations auront
disparu. D'ailleurs moins la masse restée indivise sera
importante, moins il y aura d'occasions de difficultés ;
enfin le partage partiel offre cet autre avantage qu'il
est une garantie pour l'ascendant contre l'ingratitude
de ses enfants.

Le partage des biens non compris dans le partage
d'ascendants se fait conformément aux règles ordinaires en faisant abstraction complète du partage
d'ascendants ; on ne peut obliger les copartagés à rapporter leurs lots, car ces rapports anéantiraient le
partage. On peut dire qu'il y a dans le partage d'ascendants dispense virtuelle de rapports, ou mieux
encore que le partage après décès n'est qu'un supplément de partage ; or dans des partages successifs on
ne rapporte pas dans le dernier les biens compris dans
les premiers. Le partage entre-vifs ne peut pas comprendre tous les biens de l'ascendant si certains
d'entre eux sont inaliénables ; ainsi la femme mariée
sous le régime dotal, ne pourrait partager entre-vifs

ses immeubles dotaux non déclarés aliénables par le contrat de mariage à moins qu'elle ne se trouve dans un des cas où l'aliénation en est autorisée par la loi (art. 1555 Cod. Nap.). Mais la femme pourrait faire un partage testamentaire de ses immeubles dotaux, car elle peut en disposer par testament.

L'ascendant peut-il comprendre dans son partage des biens qu'il a donnés en avancement d'hoirie et qui doivent être rapportés ? Il est évident qu'un partage entre-vifs peut comprendre ces biens, car la preuve que le donataire a consenti au rapport se trouve dans l'apposition de sa signature à l'acte de partage ; mais les droits consentis par le donataire à des tiers subsistent toujours, car ces tiers ont dû compter que le rapport n'en serait dû qu'à la mort de l'ascendant, et ils ne doivent pas souffrir d'une résolution qui est le fait de celui avec lequel ils ont contracté. L'application de la maxime : *resoluto jure dantis resolvitur jus accipientis* est reculée jusqu'au jour du décès de l'ascendant ; la résolution de leurs droits à cette époque est déjà une chose fort rigoureuse. En effet, s'il n'y avait pas eu de partage entre-vifs, les tiers auraient eu le droit d'intervenir dans le partage après décès, effectué entre les cohéritiers, pour empêcher que les biens à rapporter ne fussent placés par fraude dans les lots des autres héritiers non-donataires ; et par suite du partage d'ascendants ils se trouvent privés de ce droit d'intervention.

Nous croyons encore que le partage testamentaire peut comprendre ces biens donnés en avancement d'hoirie. Cette solution a été contestée et l'on a objecté qu'elle portait atteinte à l'irrévocabilité des donations; nous ne pensons pas que cette objection soit fondée. En effet, l'ascendant a disposé d'un bien qui se trouvait dans la succession, puisque le rapport résout la donation de plein droit; l'ascendant n'a fait que régler les effets du rapport. Mais si le donataire se trouve affranchi du rapport (art. 860 C. N.) ou s'il renonce à la succession, le partage sera frappé de nullité; le seul moyen pour l'ascendant d'assurer l'exécution de son partage, c'est de comprendre les biens donnés dans le lot du donataire.

Quand deux conjoints font par acte entre-vifs un partage, peuvent-ils comprendre dans le partage les biens de la communauté? Le partage entre-vifs tel que nous le supposons, ne diffère qu'en un point de la donation des biens de la communauté faite par les époux conjointement aux enfants communs en dehors de toute considération d'établissement : c'est qu'il présente le caractère de partage dans les rapports qu'il établit entre les enfants apportionnés. Ceci posé, nous essaierons de démontrer : 1° que cette donation est valable; 2° que malgré la différence qui la sépare du partage entre-vifs, toutes les raisons qui nous font admettre sa validité peuvent aussi être invoquées pour établir la validité du partage.

La première proposition résulte des textes du Code Napoléon (art. 1421-1422) interprétés soit par le droit coutumier, soit par les principes généraux de notre droit actuel.

Le droit coutumier défendait au mari de donner entre-vifs les biens de la communauté à certaines personnes ; l'art. 225 de la Coutume de Paris était conçu en ces termes : Le mari est seigneur des meubles conquêts immeubles par lui faits durant et constant le mariage de lui et de sa femme, en telle manière qu'il les peut vendre, aliéner et hypothéquer *et en faire et disposer par donation ou autre disposition faite entre-vifs à son plaisir et volonté, sans le consentement de sa dite femme à personne capable et sans fraude.* Ces prohibitions ne constituaient qu'une incapacité relative de la part du mari, incapacité dérivant des droits éventuels de la femme sur l'actif social et disparaissant par son concours. Pothier, dans son traité de la communauté n° 494, nous dit qu'il est évident que dans ce cas la donation n'est pas faite en fraude de la femme, car *nemo volens fraudatur.* Les rédacteurs du Code ont-ils changé les anciens principes ? Nous ne le pensons pas. C'est en vain qu'on a prétendu que la prohibition de l'art 1422 serait une protection illusoire pour la femme si les donations faites par le mari pouvaient être validées par un consentement qu'elle n'a donné que par faiblesse ; la preuve que les législateurs n'ont pas eu

cette crainte en rédigeant l'art. 1422, c'est qu'ils ont
permis à la femme de faire donation de ses propres
avec l'autorisation de son mari. Sans doute ils ont
élargi les restrictions auxquelles était soumise dans
l'ancien droit la faculté de donner entre-vifs les biens
de la communauté ; mais rien ne prouve qu'ils aient
entendu modifier la nature des anciennes prohibitions.
Et la preuve du contraire résulte du rapprochement
des art. 1421 et 1422 du Code Napoléon ; en effet,
l'art. 1421 porte : Le mari administre seul les biens
de la communauté, il peut les vendre, aliéner, hypothéquer *sans le concours de la femme*. C'est la reproduction de l'art. 225 de la Coutume de Paris : Vient
ensuite l'art. 1422 qui apporte une modification à ce
principe : *Le mari*, dit cet art., *ne peut point disposer
entre-vifs à titre gratuit des immeubles de la communauté*. N'est-il pas évident que cette disposition
n'est rien autre chose qu'une modification apportée
au pouvoir dont parle l'art. 1421, c'est-à-dire au pouvoir qu'a le mari d'agir *seul et sans le concours de
sa femme?* Cela est si vrai que le § II du même article
en réservant au mari le droit de faire seul certaines
donations, n'a pas employé pour indiquer cette réserve, les mots : *sans le concours de sa femme*. Pour
marquer l'inutilité de l'intervention de la femme
dans le cas du § II, ils ont présenté ce § II comme
une exception au § I en disant : *Il peut néanmoins*, etc.
Comme le § II est une exception au § 1, il en résulte

que la règle du § 1 consiste à subordonner les donations d'immeubles communs à la nécessité du concours de la femme.

Défendre la donation entre-vifs des biens de la communauté, c'est transporter une partie du régime dotal dans le régime de la communauté ; c'est enlever à des époux âgés la faculté précieuse de partager les biens communs eutre leurs enfants. L'association conjugale est une véritable société dont le mari est le gérant; l'art. 1421 détermine ses pouvoirs sur les biens communs. Comme administrateur il ne peut évidemment pas faire de donations, mais si la femme intervient à l'acte, les donations seront valables; il y a là deux sociétaires qui disposent de la chose commune en vertu de leur droit de copropriété.

Plusieurs arrêts ont admis cette explication de l'article 1422 en statuant sur des donations entre-vifs d'immeubles de la communauté , faites par les époux à d'autres qu'aux enfants communs ; quoique la donation soit moins favorable que dans notre hypothèse, ces arrêts ont décidé que les prohibitions de l'art. 1422 cessaient par le concours de la femme.

2° Nous arrivons à la deuxième proposition ci-dessus énoncé : parmi les auteurs qui reconnaissent la validité des donations pures et simples dont nous venons de nous occuper, il en est qui pensent que le partage entre-vifs des biens de la communauté constitue un changement aux conventions matrimoniales.

Cette opinion ne nous paraît pas exacte, en effet le partage ne concerne que les rapports respectifs des enfants donataires et non ceux des époux entre eux; or pour qu'il y ait un changement aux conventions matrimoniales, il faut un fait se rattachant aux relations des époux entre eux. Nous trouvons seulement dans ce partage l'exercice du droit qu'ont les époux de donner entre-vifs les biens de la communauté ; il n'y a point de séparation volontaire et les époux seront toujours en communauté. La jurisprudence admet la validité de ces partages.

Le partage anticipé des biens communs ne peut pas porter atteinte au droit qu'a la femme de renoncer à la communauté. Si plus tard la femme accepte, elle ratifie le partage ; mais si elle renonce, il faudra considérer qu'elle a été la volonté du mari lors du partage : si la femme n'est intervenue au partage, comme elle le fait dans beaucoup d'autres actes, que pour affirmer que l'acte émanant du mari ne sera pas attaqué par elle, il est juste de penser que le mari a entendu céder à ses enfants ses droits sur la communauté, quelque parti que la femme pourrait prendre plus tard : dans ce cas le partage sera maintenu. Mais si la validité du partage en ce qui concerne la part de la femme est subordonnée à l'acceptation ultérieure de la communauté, le partage en ce qui concerne cette part sera annulé ; cette portion rentrera dans le patrimoine du mari, si la

communauté est dissoute par une séparation de corps
ou par une séparation de biens, ou bien il y aura lieu
à un supplément de partage conformément à l'article 1077 si la dissolution de la communauté a été
causée par la mort du mari.

Si le partage est fait uniquement entre les enfants
d'un premier lit du mari et entre les enfants d'un
premier lit de la femme et que celle-ci renonce à la
communauté, les enfants de la femme devront restituer leurs lots aux héritiers du mari, mais celui-ci a
fait un partage partiel valable.

Que si le partage est fait entre des enfants communs
et des enfants d'un premier lit soit de la femme soit
du mari, il pourra arriver ceci : que la renonciation
de la femme à la communauté fasse tomber le partage pour le tout ; la raison en est que les enfants
communs ayant été apportionnés du chef du mari et
du chef de la femme, n'ont pas reçu la part à laquelle
ils avaient droit. Ils auront reçu plus que cette part
si c'est le mari qui a des enfants d'un premier lit, et
ils auront reçu moins si c'est la femme. Le partage
est donc nul pour le tout. D'après M. Genty, il serait
valable pour les biens donnés aux enfants communs
du chef du mari, si ce partage avait été précédé
d'un partage par moitié de la communauté. Mais
ce partage des biens de la communauté entre les
époux est impossible, car elle n'est pas dissoute ; nous
pensons donc que l'opinion de M. Genty doit être

rejetée. Ce partage n'est pas nul *ab initio*, en attribuant une partie des biens communs à ses enfants d'un premier lit, la femme n'a pas accepté la communauté par anticipation ; sa liberté d'option subsiste pleine et entière; mais il est en son pouvoir de faire tomber ou de faire valoir le partage.

Les époux qui ont des enfants d'un premier lit et des enfants communs doivent, sous peine de nullité, avant de réunir leurs biens pour les partager entre leurs enfants communs, donner d'abord à leurs enfants du premier lit leur part héréditaire sur les biens propres.

Il arrive quelquefois que des époux dans un partage conjonctif désirant se réserver l'usufruit des biens donnés stipulent que cet usufruit sera reversible sur la tête du survivant. Doit-on considérer cette clause comme une simple charge, ou bien comme ayant le caractère d'une donation mutuelle prohibée par l'art. 1097 du Code Napoléon ? Nous pensons que cette clause constitue une donation mutuelle qui tombe sous l'application de l'application 1097 (arrêt de la Cour d'Amiens du 10 novembre 1853, Dalloz 54, 2° partie, page 92.) Cet arrêt décide que la clause dont nous nous occupons a été l'une des causes déterminantes du partage, que son annulation détruit l'économie de cet acte et qu'en conséquence elle l'invalide. La Cour de cassation dans une espèce analogue maintient au contraire le partage, et déclare non écrite la clause de reversibilité de l'usufruit (26 mars 1855, Dalloz, 1855, 1re partie page 63).

Voici comment on concilie ces deux décisions :

Dans l'espèce de la Cour d'Amiens, il s'agissait d'un vrai partage d'ascendants; l'annulation de la clause faisait disparaître l'économie du partage. Au décès du premier mourant, les biens provenant de son chef auraient été libres de l'usufruit, tandis que ceux qui provenaient du survivant auraient continué à être grevés de cette charge, or comme les biens paternels et maternels ne se trouvaient pas en quantité proportionnelle dans chaque lot, l'égalité du partage aurait été détruite.

Dans l'espèce de la Cour de cassation, il s'agissait d'une donation faite à l'un des enfants; l'annulation de la clause ne touchait en rien à l'économie de l'acte.

Les biens de la communauté peuvent-ils faire l'objet d'un partage testamentaire? L'art. 968 du Code. Nap. prohibe le testament conjonctif; cette prohibition s'étend aux partages par testaments (1076 C. N.). De plus, les père et mère ne peuvent même pas par actes séparés partager les biens de la communauté. En effet jusqu'à la dissolution de la communauté chaque époux n'a qu'un droit indivis sur les biens communs ; le partage ne déterminera qu'après la dissolution de la communauté les objets qui formeront le lot de chaque époux, il leur est impossible de dési-

gner d'avance les objets que le sort déclarera plus tard
leur appartenir. Les époux ont quelquefois essayé de
tourner la difficulté en faisant un partage de communauté avant sa dissolution et on a soutenu que ce
partage pouvait servir de base à un partage testamentaire pourvu que le mari ait laissé intact le lot de la
femme et que celle-ci ou ses héritiers acceptent la
communauté. On a dit qu'il était impossible que la
loi ait refusé aux époux le droit de partager par testament les biens communs et que l'exercice de ce droit
ne pouvait avoir lieu que s'il y avait un partage anticipé des biens de la communauté, ce partage n'est que
provisionnel et il doit valoir comme tel. (Arrêts de
Douai, 10 fév. 1828 et 1846, Bourges, 1860). Cette opinion nous paraît être formellement en contradiction
avec les art. 1395, 1441 et 1467 ; en effet n'est-ce pas
porter une atteinte aux conventions matrimoniales que
de dissoudre la communauté et de la partager hors
les cas prévus par la loi. On dit que ce partage anticipé n'est qu'un partage provisionnel, mais la possibi-
lité de faire un partage provisionnel suppose la possi-
bilité de faire un partage définitif ; au surplus, le survivant pourrait faire tomber ce partage anticipé et le
partage testamentaire en demandant un partage définitif. Peut-on lui reconnaître un pouvoir aussi exorbi-
tant ? (Arrêts de Cass., 13 novembre 1849, Dalloz,
Tome XLIX, 1ᵉʳᵉ partie, page 753 et 23 déc. 1861, Dalloz, 1ᵉʳᵉ partie, page 31.)

Si le mari avait partagé ses biens propres et la totalité des biens communs, ce partage serait valable en cas de renonciation de la femme à la communauté ; car cette renonciation consolide sur la tête du mari le droit de propriété de la masse totale. Les ascendants ont le droit de partager leurs biens, mais ce pouvoir ne peut jamais s'étendre aux biens qui ne leur appartiennent pas ; c'est donc à tort qu'un père ferait une masse commune de ses biens et de ceux de la mère précédée pour la partager à ses enfants : un tel partage ne peut avoir lieu par testament, mais s'il est fait entre-vifs il est validé par le consentement des enfants. Quelques coutumes dans l'ancien droit permettaient au premier mourant de confier au survivant le soin de faire un partage en bloc ; mais le Code ne reproduit pas cette règle et les art. 1075 et suivants ne consacrent qu'un droit personnel.

L'ascendant est-il obligé de se conformer aux articles 826 et 832 ? Doit-il placer dans chaque lot la même quantité d'immeubles, de meubles et de créances ?

Suivant une jurisprudence aujourd'hui constante, l'ascendant qui fait le partage de ses biens n'est pas libre de composer les lots à sa guise, il doit se considérer comme une espèce de juge et observer l'article 832 ainsi conçu : Dans la formation et composition des lots on doit éviter autant que possible de morceller les héritages et de diviser les exploitations,

*et il convient de faire entrer dans chaque lot, s'il se
peut, la même quantité de meubles, d'immeubles, de
droits ou de créances de même nature et valeur.*
Voici la mise en pratique de ce système : supposons
qu'un père de famille a deux enfants et une fortune
de deux cent mille francs ; cette fortune se compose
d'un immeuble d'une valeur de cent mille francs et
de cent mille francs en capitaux, l'un des enfants a du
goût pour l'agriculture et s'y adonne, l'autre se livre
au commerce ou à l'industrie. Le père veut partager
ses biens et donne l'immeuble à l'agriculteur et les
capitaux au commerçant. D'après la jurisprudence, ce
partage peut être rescindé pour violation des articles 826 et 832 : si donc le commerçant, après avoir
fait fructifier ses capitaux, reconnaît que la propriété
de son frère a augmenté de valeur, il va demander la
rescision du partage, gardera pour lui ses bénéfices et
prendra sa part de la plus-value de l'immeuble. Ce
résultat n'est-il pas la condamnation d'un pareil système ? L'égalité est de l'essence du partage en tant
qu'elle est relative à des quotités mais non à la nature des biens ? La jurisprudence enlève ainsi au partage d'ascendants un de ses plus grands avantages,
qui, selon nous, consiste à éviter des morcellements
nuisibles à la culture et à l'exploitation des terres qui
ont souvent lieu dans les partages ordinaires. Aussi
lors de l'enquête agricole de 1868 de nombreuses ré-
clamations se sont-elles élevées contre cette jurispru-

dence ; M. de Forcade disait dans son rapport à l'empereur : « La question des partages a été envisagée dans l'enquête sous le double point de vue de la législation fiscale et de la législation civile. La discussion a principalement porté sur les droits de transcription afférents aux partages d'ascendants qu'il s'agirait de ramener au taux applicable de la transmission de propriété à titre de succession.

«Quant à la législation civile l'opinion publique s'est souvent montrée préoccupée des difficultés que soulèvent dans les partages en général, et en particulier dans les partages d'ascendants les dispositions des articles 826 et 832 du Code Napoléon. On a fait valoir devant la Commission supérieure l'avantage qui résulterait pour l'agriculture de dispositions nouvelles qui, tout en respectant les règles de la quotité disponible, permettraient d'attribuer à l'un des héritiers le domaine immobilier de la succession en donnant aux autres les valeurs mobilières. »

Au point de vue de la répartition des diverses natures de biens, l'égalité n'est pas nécessaire dans les partages à l'amiable, les copartageants peuvent violer l'article 832 tant qu'il leur plaira ; la Cour de cassation soutient donc à tort que l'égalité est d'une manière générale de l'essence du partage. L'article 891 nous fournit encore un argument contre le système de la jurisprudence : en effet cet article permet au défendeur en rescision d'arrêter les poursuites du cohéritier lésé en lui fournissant le supplément de sa portion héréditaire soit en numéraire soit en nature, et l'égalité se trouve donc rétablie par un paiement en espèces sans tenir compte de la nature des biens.

La Cour de cassation invoque l'ancien droit à l'appui de son opinion ; mais nos anciens auteurs admettaient plutôt la doctrine d'après laquelle le père de famille pouvait composer les lots à sa guise. Furgole disait : il est clairement décidé que les parents peuvent régler les partages comme ils trouvent à propos ; et Brodeau s'exprimait ainsi : *divisio a parentibus facta inter liberos, quocumque modo facta, valet ;* et si Boullenois accordait une action contre le partage à l'enfant qui n'aurait reçu que des meubles, c'était à cause du peu de cas que l'on faisait de cette sorte de biens ; aujourd'hui ce motif a disparu, les valeurs mobilières ont acquis une très-grande importance et par conséquent nous pensons que cet enfant ne pourrait pas attaquer le partage.

Dans l'opinion que nous admettons, les articles 826 et 832 ne sont pas applicables au partage d'ascendant fait soit par acte entre-vifs soit par testament : les travaux préparatoires du Code jettent une vive lumière sur la question qui nous occupe. Voici comment était conçu ce chapitre VII quand il fut présenté au conseil d'État (Fenet, tome XII, page 408) : art. 152 à 155 du projet semblables à nos art. 1075 à 1078 sauf deux différences qu'il est inutile de signaler. L'article 155 déclare nul le partage qui ne comprend pas tous les enfants existants à l'époque du décès et crée une première cause de nullité du partage, puis l'article 156 ajoute : *Le partage sera encore nul si les père et mère ou autres ascendants ont fait, à titre de préciput, une disposition soit entre-vifs soit par testament au profit d'un ou de plusieurs de leurs enfants ou descendants.* L'art. 157 portait : *Le partage fait par l'ascendant ne pourra être attaqué que dans le seul cas où l'un des copartagés offre de prouver qu'il contient une lésion de plus du quart à son préjudice.* Si nous retrouvions ces textes dans le Code Napoléon, la solution de la question qui nous occupe ne serait pas douteuse, et tout le monde reconnaîtrait que les art 826 et 832 ne s'appliquent pas au partage d'ascendant. En effet, ces textes indiquent limitativement (art. 157) trois causes de nullité : 1° nullité pour omission de l'un des descendants ; 2° nullité pour libéralité préciputaire faite à l'un ou à plusieurs des copartagés ; 3° nullité pour lésion de plus du quart.

Au moment de la rédaction du projet primitif, l'intention des rédacteurs du Code est évidente ; cette intention a-t-elle persisté jusqu'à la rédaction définitive de nos articles ? Nous le pensons ; le changement de rédaction n'est pas le résultat d'un changement d'opinion du législateur. On a objecté que l'article 157 du projet était conçu en termes limitatifs et que les art. 1078 et 1079 sont conçus en termes énon-

ciatifs et on en a conclu que ces articles ne s'opposent
pas à ce que le partage d'ascendant soit soumis à
d'autres causes de rescision que celles qu'ils men-
tionnent. L'historique de nos textes va nous prouver
que cette objection n'est pas fondée : dans le cours
des discussions qui s'élevèrent sur les partages d'ascendants, la cause de nullité de l'art. 156 du projet
fut remplacée par une cause de nullité différente
résultant de ce que l'un des copartagés aurait par
suite du partage et d'une libéralité préciputaire un
avantage excédant la quotité disponible. Cette modification entraîna un remaniement des textes et on
indiqua dans l'art. 157 la nullité nouvelle que l'on
venait d'admettre ; et alors on fut bien obligé de remplacer la formule limitative de cet article (*ne que*) par
la formule énonciative de l'art. 1079. Telle est, à
notre avis, la seule cause de différence de rédaction
entre l'art. 157 du projet et l'article définitif. Rien,
dans les travaux préparatoires n'indique l'intention
du législateur d'abandonner la théorie du projet primitif qui fixait limitativement les causes de rescision
du partage d'ascendant. Au surplus, M. Bigot-
Préameneu dans l'exposé des motifs du titre des
donations s'exprime ainsi : *Les père et mère s'en rap-*
porteront le plus souvent à cette sage répartition que
la loi elle-même a faite entre leurs enfants ; puis il
ajoute : *A qui donc pourrait-on confier avec plus*
d'assurance la répartition des biens entre les enfants

*qu'à des père et mère, qui, mieux que tous les autres
en connaissent la valeur, les avantages et les inconvénients, à des pères qui rempliront cette magistrature
non-seulement avec l'impartialité du juge, mais
encore avec ce soin, cet intérêt, cette prévoyance que
l'affection paternelle peut seule inspirer. Il eût été
injuste et même contraire au but qu'on se pro-
posait de refuser au père, qui, lors du partage entre
ses enfants pouvait disposer librement d'une partie de
ses biens, l'exercice de cette faculté dans le partage
même. C'est ainsi qu'il peut éviter des démembre-
ments, conserver à l'un de ses enfants l'habitation
qui pourra continuer d'être l'asile commun, réparer les inégalités naturelles ou accidentelles ; en
un mot c'est dans l'acte du partage qu'il pourra le
mieux combiner et en même temps réaliser la répartition la plus équitable et la plus propre à rendre
heureux chacun de ses enfants.*

Ce passage ne démontre-t-il pas d'une manière saisissante que le Code Napoléon, se confiant à l'affection
des ascendants a entendu les affranchir de l'observa-
tion rigoureuse des art. 826 et 832 ?

Il n'est pas possible d'assimiler l'ascendant qui procède au partage de ses biens au juge chargé de faire
le partage d'une succession ; celui-ci a en face de lui
des copropriétaires dont il doit respecter les droits, il
devrait à la rigueur fractionner chaque objet de la
succession en autant de parts qu'il y a d'héritiers :

mais la loi a tenu compte des inconvénients immenses
de ce morcellement et ne lui a pas imposé cette obligation dans toute sa plénitude, elle veut seulement
qu'il mette dans chaque lot, si faire se peut, la même
quantité d'immeubles, de meubles ou de créances. Le
père de famille est au contraire propriétaire des biens
qu'il va donner et partager à ses enfants, il est donc
juste de ne pas le soumettre à toutes les obligations
que la loi impose au juge. D'ailleurs, dans un partage
où les lots sont tirés au sort, l'égalité matérielle est
nécessaire afin que les chances soient égales pour tous,
tandis que dans un partage fait par un ascendant, l'é-
galité des lots, pour être intelligente, n'en sera pas
moins parfaite, car l'ascendant aura su donner à chacun la nature d'objets qui lui convient le mieux.

Le système de la jurisprudence est admis par des
jurisconsultes distingués, ils assimilent l'ascendant
au juge mais ils ne donnent pas tous à cette assimi-
lation la même étendue. Quelques-uns soumettent
l'ascendant à la règle de l'art. 827, cet art. n'est-
il pas comme l'art. 832 une conséquence du principe d'égalité, qui est, disent-ils, de l'essence du
partage et par suite duquel chacun des copartageants a le droit d'exiger soit la division des biens en
nature, s'ils sont commodément partageables, soit la
licitation dans le cas contraire. L'ascendant remplit le
rôle du juge et ne peut par conséquent enlever à ses
enfants le droit de procéder à la licitation. Cette con-

séquence est logique, mais la cour de cassation et M.
Demolombe frappés des inconvénients qu'elle présen-
tait ont refusé de l'admettre. En effet si l'ascendant a
pour toute fortune un ou plusieurs immeubles qui ne
soient pas commodément partageables, il est dans
l'impossibilité de faire un partage ; la loi, dit-on, n'a
pas pu vouloir consacrer un semblable résultat ; le
droit de l'ascendant ne peut pas dépendre de la nature
de ses biens. L'application de l'art. 827 au partage
d'ascendant rendrait ce partage impossible dans notre
hypothèse, tandis que l'application de l'art. 832 n'a
pas le même inconvénient ; voilà pourquoi, dit-on, il
faut distinguer entre ces deux articles. Ainsi l'un
des enfants recevra pour sa part une créance contre son
frère. Cette distinction n'est pas logique, si chacun des
copartageants peut exiger sa part en nature ; chacun
d'eux peut de même exiger la faculté d'acquérir l'immeuble aux enchères et d'en faire monter le prix en
appelant les étrangers à surenchérir ; la dérogation
à l'art. 827 serait une violation de l'égalité aussi grave
que celle qui résulte, aux yeux des partisans de ce
système, de l'inobservation de l'art. 832.

Les auteurs qui appliquent l'art. 827 au partage
d'ascendant, sont logiques, mais ils cessent de l'être
en refusant d'y appliquer l'art. 834, car cet article
forme un tout in- divisible avec les art. 826, 827 et
832, et ils autorisent, comme la Cour de cassation
et M. Demolombé, les ascendants à substituer leur

volonté à celle de la loi et à violer les règles du partage judiciaire. N'est-ce das la condamnation de leur système ?

Il existe un système intermédiaire qui applique l'art. 832 au partage testamentaire et refuse de l'appliquer au partage entre-vifs. Dans ce système on soutient que le partage entre-vifs est une convention et que les enfants sont liés par le consentement qu'ils ont donné (MM. Genty, Colmet de Santerre) ; et l'on décide que l'art. 832 s'applique au partage par testament en invoquant les raisons que nous venons de combattre.

CHAPITRE II

EFFETS DES PARTAGES D'ASCENDANTS

Nous examinerons d'abord les effets des partages testamentaires puis ceux des partages entre-vifs.

SECTION I

EFFETS DES PARTAGES TESTAMENTAIRES

Ces partages sont soumis aux formes conditions et règles des testaments (1076) ; nous en concluons qu'ils ne produisent d'effets qu'à la mort des ascendants et que ceux-ci conservent toujours le droit de les révoquer.

Un effet incontestable c'est que les partages testamentaires sont obligatoires pour les descendants apportionnés ; ceux-ci ne peuvent pas s'en tenir à leur titre d'héritiers *ab intestat* et partager en cette qualité les biens que l'ascendant a compris dans son partage, autrement le droit accordé à ce dernier serait illusoire.

Mais pour que cette répartition soit obligatoire, il faut qu'elle soit acceptée au moins par un des copartagés, car s'ils sont tous capables et s'ils s'accordent tous pour la remplacer par un nouveau partage, elle n'aura plus sa force obligatoire. La raison en est que le partage avait été fait dans l'intérêt privé et collectif des héritiers présomptifs et que toute personne capable peut renoncer aux droits introduits en sa faveur.

Le partage par testament, comme nous l'avons vu, ne constitue pas une libéralité ; il n'est que le règlement de la succession de l'ascendant. Nous en conclurons que :

1o Les copartagés sont tenus de payèr *ultra vires* les dettes de leur auteur en proportion de leur part héréditaire, s'ils ont accepté purement et simplement (art. 873, 1220, Code Napoléon) ;

2• Les copartagés sont liés entre eux par l'obligation de garantie (art. 884, C. N.) ;

3° Ils ne sont pas obligés de faire des demandes réciproques en délivrance de leurs lots ; ils ont la saisine (art. 724). Quant à l'enfant naturel il doit demander l'envoi en possession aux héritiers légitimes ;

4° Ils ont droit au privilége établi par la loi au profit des cohéritiers sur les immeubles de la succession (art. 2103 3° et 2109) ;

5° Ce partage est rescindable pour cause de lésion de plus du quart (art. 1079) ;

6° Un copartagé ne pourrait pas renoncer à la succession *ab intestat* sans renoncer à sa part du partage ;

7° Pour écarter l'un des enfants, on ne pourrait pas invoquer les art. 1046 et 1047, il faudrait appliquer la révocation pour cause d'indignité (art. 727).

Ce partage doit comprendre tous les enfants existant au décès et les descendants des enfants prédécédés au jour du partage (art. 1078). Si le décès de l'un des enfants est postérieur au partage dans lequel il avait été compris, et si l'enfant laisse des descendants, le partage demeurera valable, et les petits enfants représenteront leur père. Cette décision a été constestée, et s'appuyant sur l'art. 1039, on a soutenu que la représentation n'était pas possible ; cette doctrine traite les copartagés comme des légataires, or nous croyons avoir prouvé que ce sont des héritiers. Si l'enfant copartagé décède après le partage sans

laisser de descendants, il y aura lieu, à la mort de
l'ascendant, de procéder à un partage supplémentaire On ferait encore un partage supplémentaire
si l'ascendant a fait dans son partage une disposition
préciputaire au profit de l'enfant prédécédé, lors
même que celui-ci laisserait des descendants, car on
doit appliquer à cette disposition les principes des
legs (art. 1039).

Lorsqu'un enfant copartagé renonce à la succession
ou est déclaré indigne, il y aura toujours lieu à un
complément de partage, parce que l'on ne représente
pas les personnes vivantes (art. 787). Il faut cependant
excepter le cas où l'ascendant a substitué vulgaire-
ment ses petits enfants à ses enfants copartagés.

Il arrive souvent que le père de famille désirant
garantir son partage contre les actions en nullité et
en rescision, déclare, par une clause expresse, qu'il
prive de sa part dans la quotité disponible celui qui
attaquera le partage, et qu'il fait une donation préciputaire de cette part aux copartagés qui respecte-
ront ses dernières volontés. Cette clause est parfaitement valable si le partage attaqué par un copartagé
est déclaré par les tribunaux exempt de tout vice ; ce
sera une peine que supportera justement celui qui n'a
pas craint de jeter le trouble dans la famille.

Mais si le partage est annulé en justice, le copartagé dont la demande était légitime va-t-il être réduit
à sa réserve ? On n'est pas d'accord sur la solution de
cette question.

M. Genty soutient qu'il serait inique de frapper le
copartagé qui avait un juste motif d'attaquer le partage ; il soutient que cette disposition est illégale
et que la clause pénale est nulle ; il s'appuie sur l'article 1227 conçu en ces termes : *La nullité de l'obligation principale entraîne celle de la clause pénale.*
On a répondu que l'art. 1227 n'est pas applicable en
notre matière, que cette clause n'est autre chose
qu'une condition insérée dans une disposition testamentaire. On a ajouté que l'art. 900 qui répute non
écrites, dans les testaments, les conditions impossibles
ou contraires aux lois et aux bonnes mœurs, devait
être écarté ; en effet, dit-on, l'ascendant n'a pas fait
une disposition contraire aux lois, puisqu'aucune loi
ne prescrit aux descendants d'attaquer un partage
vicieux, leur action est d'intérêt privé : ils peuvent
donc y renoncer ; l'ascendant pouvait leur offrir le
choix ou bien d'accepter ses dispositions ou bien de
faire tomber le partage, et dans ce cas de se contenter
de leur réserve.

La jurisprudence fait une distinction : si la nullité
du partage est fondée sur un intérêt d'ordre public,
la clause pénale dont le but est d'assurer la validité
de ce partage est illicite et réputée non écrite (art. 900).
Si au contraire elle est fondée sur un intérêt d'ordre
privé, la clause pénale n'a rien de contraire à l'ordre
public et produira tout son effet. On répond aux
arguments de texte que l'art. 1227 suppose l'obligation

principale entachée d'une nullité radicale et que
l'art. 900 ne s'applique qu'aux conditions contraires,
aux lois d'ordre public (Cass. 30 mai 1866, Sirey
67, 1, 431). Le copartagé, porte cet arrêt, ne peut pas
être privé du droit d'intenter une action qui tient à
l'ordre public; il pourra donc attaquer sans crainte le
partage qui n'a pas été effectué selon les formes
légales ou celui qui porte atteinte à la réserve. Mais
qu'il s'assure bien des vices de l'acte avant d'intenter
son action, car s'il demande une expertise aux tri-
-bunaux, et si cette expertise démontre que la réserve
est intacte ou que les formes ordonnées par la loi ont
été observées, il encourra la peine portée par le
testament (Cassation, 27 novembre 1867, Sirey,
68, 1, 65).

La jurisprudence offre ainsi à l'ascendant un moyen
presque sûr de soustraire son partage à l'action en
rescision pour cause de composition vicieuse des lots;
les enfants copartagés qui voudraient intenter cette
action seront arrêtés par la crainte d'encourir l'application de la clause pénale ; en effet, la composition
vicieuse des lots est une question d'intérêt privé.

Lorsque le partage est attaqué pour cause de lésion
de plus du quart, il faut faire une distinction : la
lésion porte-t-elle atteinte à la réserve, la clause est
illicite et n'atteindra pas le demandeur ; la lésion,
quoique supérieure au quart, n'entame-t-elle pas la
réserve, aucun principe d'ordre public n'est blessé

et par conséquent la clause pénale produira ses effets.

SECTION DEUXIÈME

DES EFFETS DU PARTAGE ENTRE-VIFS.

Le partage entre-vifs produit effets du vivant même de l'ascendant.

Ces effets doivent être examinés séparément par rapport : 1° à l'ascendant ; 2° aux descendants ; 3° aux tiers.

1° Cet acte constitue de la part de l'ascendant une donation entre-vifs par laquelle il se dépouille actuellement et irrévocablement de tous les biens compris dans le partage.

Nous en concluons : 1° qu'il est révocable pour cause d'inexécution des charges, d'ingratitude ou de survenance d'enfants ; pour qu'il soit révoqué par survenance d'enfants, il faut supposer que le partage a été fait entre les enfants adoptifs ou naturels de l'ascendant ; 2° qu'il est non-avenu en cas d'inobservation des formalités, conditions et règles propres aux donations ; 3° qu'il est soumis aux causes générales de nullités des conventions (1109 et suiv.).

Remarquons que si le partage entre-vifs a été fait en faveur du mariage de tel ou tel enfant, il ne serait pas à l'égard de cet enfant révocable pour cause d'ingratitude (art. 959 C. N.)

Il peut arriver qu'un enfant seul se soit montré
ingrat et que l'ascendant ait fait révoquer son appor-
tionnement dans le partage, cette révocation partielle
n'enlève pas à l'enfant ses droits héréditaires, mais
son titre de copartagé est révoqué d'une manière ir-
rémédiable ; l'ingrat n'est pas apportionné dans le
partage, et le partage est nul pour omission d'enfant
(M. Demolombe.)

M. Genty décide que la révocation partielle n'a-
néantit la donation que relativement à l'ingrat, et que
celui-ci ne pourra pas invoquer cet anéantissement
contre ses frères et sœurs, car la donation est anéantie
contre lui et non en sa faveur. Dans cette doctrine
les copartagés de l'ingrat pourront demander un
nouveau partage, mais s'ils préfèrent se contenter de
leurs lots, ils forceront l'ingrat à reprendre les biens
qu'il avait reçus. L'ascendant ne doit garantie à ses
enfants que s'il leur a fait un partage à titre de dot,
et s'il leur cause un préjudice par son fait personnel,
il peut intenter toutes les actions que la loi donne au
donateur, mais il n'exercera jamais les actions que les
enfants peuvent avoir en leur qualité de copartagés.

Voici une espèce qui s'est présentée dans la pratique :
Deux époux avaient par un testament conjonctif dis-
tribué leurs biens à leurs enfants ; la femme avait
fait annuler le partage de ses biens qui étaient
dotaux et par conséquent inaliénables. La Cour de
Rouen par un arrêt du 11 juillet 1844 a décidé que le

mari avait le droit de faire annuler l'acte par rapport
aux biens qu'il avait partagés. M. Genty croit que le
mari ne devait pas avoir ce droit qui, selon lui, ne
compète qu'aux copartagés.

2ᵉ Par rapport aux descendants, le partage entre-vifs
se compose d'un double élément ; 1° Donation ; 2° Partage il produira donc, selon nous, entre les enfants,
tous les effets du partage dès le jour de l'acte et no-
tamment celle de garantie. Dans un autre système, on
soutient que le partage entre-vifs ne produit pas cette
obligation, qui ne commence à exister, dit-on, qu'au
jour du décès de l'ascendant; nous avons combattu
cette doctrine quand nous avons déterminé les caractères du partage d'ascendant.

La garantie que nous accordons aux enfants du jour
de l'acte est rendue efficace par le privilége que tout
le monde s'accorde à reconnaître comme une qualité
de la créance. Les enfants ne peuvent pas demander
la révocation du partage pour inexécution des clauses;
l'ascendant seul a ce droit. Nous avons déjà dit que
les enfants sont propriétaires des biens donnés, aussi-
tôt que le partage a eu lieu.

3° Quels sont, à l'égard des tiers, les effets du partage
entre-vifs pendant la vie de l'ascendant? Il faut ici
distinguer suivant qu'il s'agit des rapports des tiers
avec l'ascendant, ou de leurs rapports avec les descen
dants.

I. *Rapport des tiers avec l'ascendant :* Le partage

entre-vifs dépouille actuellement et irrévocablement l'ascendant ; celui-ci n'a donc plus le droit d'intenter les actions possessoires ou pétitoires relatives aux biens partagés. Cependant, pour qu'il perde tout pouvoir sur les biens partagés à l'égard des tiers, il faut que les copartagés aient fait transcrire l'acte de partage. Les créanciers de l'ascendant auront contre le partage l'action Paulienne et ils ne seront pas obligés de prouver la complicité des enfants dans la fraude de l'ascendant.

II. *Rapports des tiers avec les descendants*. Les enfants ont le droit de disposer des biens partagés par leur ascendant. Ils sont de véritables donataires et devront accomplir les formalités de la transcription ou de la signification (art. 939 : art. 1690 C. N.) Le partage constituera pour les descendants un juste titre pour prescrire par dix ou vingt ans, s'ils sont de bonne foi, quand même l'ascendant aurait été de mauvaise foi.

Si l'un des enfants est décédé à l'époque du partage laissant des descendants, l'ascendant comprendra nominalement ses petits-fils dans la distribution de ses biens. Si l'enfant est décédé postérieurement au partage dans lequel il avait été compris et s'il laisse des descendants, ceux-ci le représenteront et le partage demeurera valable. On a objecté que l'enfant prédécédé pouvait avoir dissipé les biens qui composaient son lot et que les petits enfants n'auraient aucune part dans la succession de leur aïeul bien qu'ils en fussent héritiers. Nous répondons qu'ils ne peuvent prétendre à la succession de leur aïeul qu'en rapportant ce que leur père avait reçu (art. 848, Cod. Nap.), ils n'éprouvent donc aucun préjudice. Si un enfant copartagé meurt sans descendants, avant le donateur, le lot qui lui avait été attribué ne deviendra pas caduc, l'enfant aura pu disposer des biens à titre onéreux et même à titre gratuit, sauf la réserve de l'ascendant, et s'il n'en a pas disposé, ils reviendront au donateur (art. 747 C. N) ; sous ce rapport, notre partage entre-vifs diffère de notre ancienne démission de biens où il fallait que l'enfant survécût à l'auteur de la disposition pour que sa part ne fût pas caduque.

Les descendants qui ont reçu l'universalité ou une quote-part de l'universalité des biens présents de l'ascendant sont-ils tenus *ipso jure* de ses dettes soit vis-à-vis de l'ascendant lui-même soit vis-à-vis de ses créanciers? Il arrive souvent qu'une clause expresse concernant les dettes est insérée dans les partages : cette clause ne peut d'ailleurs s'appliquer aux dettes postérieures au partage, car elle porterait atteinte à la règle : donner et retenir ne vaut. (art. 945, Cod. Nap.).

Notre question a la plus grande analogie avec cette autre plus générale : Un donataire de la totalité ou d'une quote-part des biens présents d'une personne est-il tenu *ipso jure* des dettes du donateur soit envers celui-ci soit envers ses créanciers ?

Deux points sont à résoudre : 1° Le partage entre-vifs oblige-t-il les enfants donataires envers les créanciers de l'ascendant de telle sorte que ceux-ci aient contre les premiers une action personnelle pour les contraindre à payer les dettes de l'ascendant ? 2° Ce partage oblige-t-il les enfants donataires envers l'ascendant donateur à payer les dettes de ce dernier pour une part proportionnelle à la quotité de la donation ?

Adoptant la négative sur le premier point, nous pensons que les créanciers n'auront jamais d'action personnelle et directe contre les donataires.

Le donateur existe et par conséquent ses enfants ne le représentent pas, — mais les créanciers pourront exercer contre les donataires l'action de l'art. 1167.

Le second point nous paraît former une question d'intention ; il faudra donc se demander dans chaque hypothèse particulière si l'ascendant a entendu assujettir par sa donation même les enfants donataires a supporter une fraction de ses dettes : ainsi un père de famille fait par acte entre-vifs le partage entre ses enfants de l'universalité de ses biens présents ; il avait cent mille francs de biens et cent mille francs de dettes ; l'acte ne contient aucune clause relativement aux dettes. Ce silence sera souvent une preuve que l'obligation pour les enfants de supporter la totalité des dettes actuelles de l'ascendant avait été sous-entendue entre les parties, tant elle leur parais.

sait être une conséquence évidente du partage. Telle était la doctrine de l'ancien droit, nous pensons que les rédacteurs du Code l'ont maintenue, et que dans certains cas les enfants donataires sont tenus envers leur ascendant de payer ses dettes, les créanciers auront contre eux l'action oblique de l'art. 1166.

Notre solution repose donc sur l'intention présumée de l'ascendant et notre présomption serait détruite si l'ascendant avait conservé une partie de ses biens présents. Il sera permis alors de croire qu'il a conservé la charge de ses dettes et qu'il a entendu les acquitter sur les biens qu'il se réservait: si dans cette hypothèse l'ascendant devient plus tard insolvable, les créanciers n'auront à notre avis d'autre ressource que l'action Paulienne. En supposant, par hypothèse, que les enfants donataires soient tenus des dettes de l'ascendant, faut-il décider qu'ils en sont tenus *ultra vires bonorum ?* La négative nous paraît évidente. En effet, les successeurs qui sont tenus des dettes *ultra vires* sont ceux qui succèdent, non-seulement aux biens, mais encore à la personne ; les héritiers, représentant la personne du défunt, doivent remplir toutes les obligations qu'avait contractées celui dont ils tiennent la place. Mais les donataires succèdent aux biens et non à la personne ; leur obligation est donc éteinte quand ils ont consacré les biens donnés à l'acquittement des dettes du donateur.

A la mort de l'ascendant les biens partagés entre

vifs ne font pas partie de sa succession ; ils ne forment donc point le gage des créanciers du défunt si les copartagés ont eu soin d'accepter la succession sous bénéfice d'inventaire.

L'acceptation ou la renonciation des enfants à la succession de l'ascendant n'a, selon nous, aucune influence sur leurs relations réciproques. Ils étaient donataires copartagés et cette qualité subsiste à l'égard de ceux qui renoncent comme à l'égard de ceux qui acceptent. Au contraire, dans le système suivi généralement, le renonçant n'a jamais été qu'un donataire, et par conséquent il n'existe aucun lieu entre lui et les autres copartagés.

Nous avons vu que lorsqu'un enfant copartagé prédécèdait laissant des descendants, ceux-ci recueillaient son lot au même titre que tous ses autres biens : Supposons que les enfants du prédécédé viennent par représentation à la succession de leur aïeul, auteur du partage ; après avoir renoncé à la succession de leur père, ils ne recueilleront dans la succession de leur aïeul aucun droit résultant du partage. Les droits ou obligations résultant de cet acte étaient dans la succession de leur père prédécédé et sont passés sur la tête de ceux qui ont accepté la succession à leur défaut. Les petits-enfants n'auront ni actions en garantie, ni actions en nullité ou en rescision, et ne pourront pas à l'inverse être poursuivis en garantie par les autres copartagés.

Dans le système qui ne reconnaît aux copartagés que la qualité de donataires, on décide que les héritiers du descendant prédécédé ne détiennent son lot qu'en qualité de donataires, que s'ils éprouvent une éviction ils n'auront aucun recours contre les copartagés, et à l'inverse qu'ils sont affranchis de tout recours de la part de ceux-ci. Les droits et obligations constitutifs du partage vont se trouver dans la succession de l'ascendant donateur et seront recueillis par ses petits-enfants qui ont répudié la succession de leur père. Voici le résultat étrange auquel on arrive : Les héritiers du représenté souffrent-ils d'une éviction, l'action en garantie sera exercée par les représentants qui n'ont éprouvé aucun préjudice.

CHAPITRE III

CAUSES DE NULLITÉ OU DE RESCISIONS QUI PEUVENT ATTEINDRE LES PARTAGES D'ASCENDANTS.

Nous diviserons ce chapitre en trois sections :

1° Causes de nullité ou de rescision des partages d'ascendants.

2° Durée des actions en nullité et point de départ de cette durée.

3° Effets de la nullité des partages.

SECTION I

CAUSES DE NULLITÉ OU DE RESCISION DES PARTAGES D'ASCENDANTS.

Les art. 1078 et 1079 indiquent trois causes de nullité des partages d'ascendants, mais ce n'est pas à dire qu'il n'en existe pas d'autres : ainsi le partage est soumis, en tant qu'il affecte la forme de donation entre-vifs ou celle du testament, à toutes les causes de nullité propres aux donations entre-vifs ou aux testaments (1076), il est également certain qu'il peut être annulé pour cause de dol ou de violence (art. 887, C. N.)

Nous ne nous occuperons ici que des causes spéciales qui annulent l'acte du père de famille; nous parlerons d'abord de la nullité pour omission de l'un des enfants, puis de la rescision pour cause de lésion de plus du quart et enfin de la nullité qui résulte de ce que l'un des copartagés aurait par suite du partage et des dispositions préciputaires un avantage plus grand que la loi ne le permet. Ces trois causes de nullité s'appliquent indistinctement au partage entre-vifs et au partage testamentaire.

§ 1.

La première est écrite dans l'art. 1078 dont voici les termes : « Si le partage n'est pas fait entre tous les enfants qui existeront à l'époque du décès et les descendants de ceux qui sont prédécédés, le partage sera nul pour le tout. Il en pourra être provoqué un nouveau dans la forme légale, soit par les enfants ou descendants qui n'y auront reçu aucune part, soit même par ceux entre qui le partage aurait été fait.

L'ascendant doit donc, sous peine de nullité de l'acte, comprendre dans son partage tous les descendants qui arrivent à sa succession ; l'omission d'un enfant méconnaît le droit héréditaire de celui-ci, et pour qu'un enfant puisse se prévaloir de son droit héréditaire, il faut qu'il arrive à la succession ; nous en concluons qu'il faut se placer à l'époque du décès pour juger s'il y a ou non cause de nullité et que de plus, il faut attendre que l'enfant ait pris parti sur la succession ouverte. Si l'enfant omis la répudie ou est déclaré indigne, le partage sera valable ; mais s'il prédécède laissant des descendants, ceux-ci le représenteront et pourront faire tomber le partage.

Il faut remarquer que l'action en nullité contre le partage appartient aux enfants compris dans la répartition des biens. Il ne serait pas juste, en effet, de les laisser exposés aux caprices de l'enfant omis et ils ont intérêt à se soustraire le plus tôt possible à la menace de rescision qui pèse sur eux. L'action que l'omis pourra exercer est une véritable pétition d'hérédité, et il n'est pas nécessaire qu'il attaque préalablement le prétendu partage. Des auteurs ont pensé que l'action en nullité préliminaire est obligatoire pour les enfants qui ont été compris dans le partage ; mais l'art. 1078 n'autorise pas, à notre avis, cette distinction, et met sur la même ligne l'enfant omis et ceux qui ont été compris dans le partage.

§ II.

L'art. 1079 1° détermine la seconde cause de rescision que nous avons annoncée : Le partage fait par l'ascendant, nous dit-il, pourra être attaqué pour cause de lésion de plus du quart. Cette cause de rescision est posée par l'art. 887 pour les partages ordinaires. Le Code Napoléon s'est écarté sur ce point des anciennes Coutumes d'inégalité, qui permettaient seulement aux enfants lésés par le partage de demander le complément de leur réserve.

Tout partage est un acte d'égalité, mais, comme l'égalité absolue est impossible, la loi considère comme non-avenue toute lésion qui ne dépasse pas le quart. Pour juger s'il y a lésion il faut comparer le lot du plaignant au lot qu'il aurait dû recevoir, si le partage avait été fait conformément aux règles de l'égalité, non pas dans l'universalité du patrimoine de l'ascendant, mais dans les biens partagés. Il en résulte d'une part que, dans certains cas, les enfants ne sont pas recevables à attaquer le partage quoiqu'ils n'aient pas obtenu toute leur réserve, et que d'autre part ils peuvent avoir une action en rescision, quoiqu'ils aient obtenu leur réserve : un père de famille a 120,000 fr. et deux enfants, il fait le partage de ses biens et il a donné à l'un 76,000 et à l'autre 44,000 frans ; celui-ci se trouve lésé de plus du quart et peut par conséquent demander la rescision (1078), bien que sa réserve ne soit pas entamée. A l'inverse, si ce père de famille commence à donner sa quotité disponible à un étranger, et s'il partage plus tard les 80,000 francs entre ses enfants, de telle sorte qu'il donne à l'un 45,000 et à l'autre 35,000 francs, ce dernier n'aura pas sa réserve et cependant il ne pourra pas se plaindre, car il ne sera pas lésé de plus du quart. Il ne faut pas s'étonner de ces deux résultats car ils auraient pu se produire même dans un partage judiciaire ; le juge aurait pu estimer 45,000 fr. un lot de 40,000 et commettre la même erreur que l'ascendant.

Pour savoir s'il y a lieu à l'application de l'art. 1079 1_o, il faut examiner si le plaignant a reçu les trois quarts de la part qui lui revenait dans les biens partagés ; d'où l'on devrait conclure que si l'ascendant a fait plusieurs partages partiels, la lésion devrait se calculer séparément sur chaque partage.

Mais l'ascendant a peut-être voulu dans un second partage faire disparaître l'inégalité qui résultait du premier, la loi doit favoriser cet acte de justice, et nous pensons que la lésion devra se calculer sur la masse totale des partages, car l'ensemble de ces diverses dispositions constitue aux yeux de l'ascendant le partage de ses biens tel qu'il a voulu le faire entre ses enfants (Cass., 18 décembre 1854, Sirey, 55, 1, 572).

Mais la Cour de cassation a été plus loin, elle a décidé que ce n'est qu'au jour de l'ouverture de la succession qu'on pourra vérifier si eu égard à la nature et à l'ensemble des biens héréditaires, les règles du partage ont été observées (29 août 1864, Sirey, 64, 435).

Un père a deux enfants et un patrimoine de deux cent mille francs, il fait un partage entre-vifs et donne 130,000 fr. à Primus et 70,000 à Secundus ; le minimum auquel a droit ce dernier est de 75,000, c'est-à-dire les trois quarts de la moitié des biens partagés. A son décès, l'ascendant laisse 120,000 fr., et voici le résultat auquel conduit le système de la Cour de cassation : on procède au partage des biens laissés et chacun des enfants en prend la moitié ; Secundus a donc 70,000 francs d'une part et 60,000 de l'autre, total : 130,000. La fortune paternelle se compose d'une part de 200,000 francs et de l'autre de 120,000, total : 320,000 : Secundus ne peut donc pas réclamer puisque 130,000 fr. forment plus des trois quarts de la moitié des biens de la succession. Ainsi le sort du partage va dépendre des changements qui vont survenir dans la fortune du père de famille, c'est l'avenir qui nous fera connaître si l'ascendant a respecté ou non les règles essentielles du partage ; le partage n'aura plus aucune condition de stabilité. Nous ne pensons pas que ce soit là l'esprit de l'art. 1077, qui ordonne que les biens laissés feront l'objet d'un *nouveau partage.* Ces termes ne montrent-ils pas que l'on doit procéder à ce partage en faisant abstraction complète des événements antérieurs ?

Pour calculer la lésion il faut encore faire abstraction des biens déterminés que l'un des copartagés aurait reçus de l'ascendant à titre de préciput. La question serait délicate si nous étions en présence d'une donation préciputaire de quotité ; dans une première opinion on soutient qu'un ascendant donateur de quotité ne peut pas faire un partage de ses biens.

Une seconde opinion distingue le lot attribué à l'enfant en qualité de préciputaire, et le lot reçu en qualité de copartagé ; pour le premier lot, la moindre lésion donnera lieu à une réclamation, pour le second, la lésion ne dépassant pas le quart sera réputée non-avenue. Un troisième système ne permet à l'enfant de se plaindre que dans le cas où la valeur des biens qui lui sont attribués comme préciputaire, réunie à la valeur de ceux qu'il obtient comme copartagé, lui donne une part inférieure aux trois quarts de la portion à laquelle il a droit en sa double qualité (Grenoble, 3 mai 1825, S., 35, 2, 354).

Entre les deux derniers systèmes on a fait une distinction : on a dit que calculer la lésion sur les biens reçus par l'enfant comme copartagé, réunis à ceux qu'il reçoit comme préciputaire serait violer le principe de l'irrévocabilité des donations si le préciput est antérieur au partage. Si, au contraire, le préciput est fait dans le partage ou postérieurement à cet acte, on considère dans le premier cas l'acte comme indivisible, et dans le second on reconnaît que l'ascendant a sans doute voulu rectifier son partage et donner une indemnité à l'enfant lésé ; on décide dans ces deux hypothèses que le partage et le préciput forment dans la pensée de l'ascendant un tout inséparable et qu'en conséquence la lésion doit se calculer sur la masse des biens reçus soit à titre de donation, soit à titre de partage.

Le partage, qui donne lieu à rescision pour lésion de plus du quart, n'est entaché que d'une nullité relative ; l'enfant lésé de plus du quart pourra seul agir en rescision. Le défendeur à l'action en rescision peut arrêter les poursuites en offrant au demandeur le supplément de sa portion, soit en nature, soit en numéraire ; on applique l'art. 891 aux partages d'ascendants, les motifs qui l'ont fait admettre dans les partages ordinaires se rencontrent également en notre matière : En effet, cette disposition a été créée pour éviter les rescisions des partages, et si la loi favorise le maintien des partages ordinaires, ne doit-elle pas, *a fortiori*, chercher à maintenir les partages d'ascendants ?

C'est en vain que, pour repousser l'application de l'art. 891, on a invoqué la doctrine d'après laquelle les ascendants doivent se conformer aux art. 826 et 832 et que l'on a dit que l'enfant qui n'a reçu que des espèces agissant en rescision contre son frère qui a reçu les immeubles pourrait être contraint de recevoir en espèces l'indemnité qu'il prétend lui être due et que l'ascendant échapperait ainsi à l'application des art. 826 et 832. Nous répondons que ces art. 826 et 832 sont empruntés aux partages judiciaires, qu'ils ne font pas obstacle, en cette matière, à l'application de l'art. 891 et qu'ils ne doivent pas, en conséquence, s'opposer davantage à l'application de cet art. dans les partages d'ascendants. (Cass., 17 août 1863. S. 63, 1, 529). La Cour d'Angers, dans un arrêt du 16 juillet 1847, décida que l'art. 891 était applicable au cas où l'action en nullité de partage était intentée pour omission d'enfant, et que les cohéritiers de l'omis pouvaient le contraindre à recevoir sa part, soit en nature, soit en numéraire. La Cour allait trop loin, et son arrêt violait l'art. 1078 qui déclare qu'en cas d'omission d'enfant, il sera provoqué un nouveau partage.

§ III. — *Nullité résultant de ce que l'un des copartagés a reçu, par suite du partage et des dispositions préciputaires, un avantage plus grand que la loi ne le permet.*

Cette nullité fait l'objet de la deuxième partie de l'art. 1079 ainsi conçue : Le partage pourra encore être attaqué dans le cas où il résulterait du partage et des dispositions faites par préciput, que l'un des copartagés aurait un avantage plus grand que la loi ne le permet. Voici l'hypothèse que cette disposition a eu pour but de régler : Un père a un patrimoine de 120,000 francs et deux enfants : Primus et Secundus; il donne par préciput à Primus toute sa quotité disponible, 40,000 fr. Il procède ensuite, entre ses deux enfants, au partage de la réserve, 80,000 fr., et le lot attribué à Primus vaut 45,000 fr., il ne reste plus que 35,000 fr. à Secundus, tandis que son frère en a 85,000.

Ainsi, une lésion a été commise au préjudice de Secundus, mais elle ne dépasse pas le quart de la part qui devait lui revenir et qui était de 40,000 francs ; dans cet état de faits, Secundus n'aurait pas été admis à se plaindre si le législateur s'était contenté d'établir l'action en rescision pour cause de lésion de plus du quart. Mais la deuxième partie de l'art. 1079 accorde ici à Secundus une action en rescision du partage :

Peut-on supposer, disait M. Berlier au Conseil d'État,
que la réunion sur la même tête des avantages résultant du part et des bénéfices de la disposition préciputaires soit l'effet du pur hasard? N'est-il pas évident
au contraire, que ce fait est l'œuvre réfléchie de l'ascendant? Si la donation est faite à un étranger ou bien
si l'avantage, résultant du partage, profite à un autre
copartagé que le préc800 l'art. 1079 2° n'est plu-
applicable. Supposons, par exemple, qu'un père de
famille a deux enfants : Primus et Secundus, et un
patrimoine de 30,000 francs. Il fait à ses enfants le
partage de la réserve et donne 12,000 fr. à Primus et
8,000 fr. à Secundus; puis il fait donation de la quotité disponible à un étranger Tertius. Ainsi d'une part
la réserve de Secundus est entamée, mais il n'éprouve
pas une lésion de plus du quart, donc il n'y a pas lieu
sous ce rapport à l'application de l'art. 1079, 1°;
d'autre part, l'enfant lésé, Secundus, ne peut pas exercer l'action en réduction contre le donataire étranger,
Tertius, qui n'a reçu que la quotité disponible. Cependant nous pensons que l'enfant lésé conserve le droit
d'exercer l'action en réduction contre de semblables
dispositions et d'attaquer le partage comme contenant
des libéralités déguisées lorsqu'il y a eu fraude de
la part de l'ascendant. Les inégalités entre les lots
devront être considérées par le juge, non pas comme le
résultat d'une erreur, mais comme une violation indi-
recte de l'art. 920, et nous dirons avec d'Argentré que

« *si c'est à dessein et sciemment que l'ascendant a in-troduit ces inégalités, le partage ne peut valoir : la loi peut pardonner à l'erreur, non à la fraude.*

L'action créée par l'art. 1079 2° est, à notre avis, une action en rescision, et non pas, comme on l'a soutenu, une action en réduction. En effet, la loi a réuni dans un même article cette action et l'action pour lésion de plus du quart, n'est ce pas une preuve qu'à ses yeux leur nature est la même ? *Attaquer le partage*, selon les termes de la loi, n'est-ce pas en demander l'annulation ? Et ces expressions sont une preuve que l'art. 1079 2 a en vue, non la disposition excessive, mais la lésion résultant du partage. D'ailleurs, là loi vient d'admettre la rescision pour lésion de plus du quart, et ajoute que là condition de quotité sera remplacée dans un cas exceptionnel, par cette circonstance aggravante, que la lésion est le résultat de la partialité et de l'injustice. Ces deux actions ont la même cause : la lésion ; n'est-il pas évident, dès lors, qu'elles doivent produire le même effet : la rescision ? Si l'on admettait que l'action qui nous occupe est une action en réduction, il faudrait décider que, si le préciput est postérieur au partage, c'est lui qui doit être réduit; or, l'art. 1079 s'oppose à cette décision, car il ne parle que d'une action donnée contre le partage, et non contre la donation préciputaire.

La jurisprudence soutient au contraire que cette action est une action en réduction : l'art. 1079, dit-elle, veut protéger la réserve des descendants, or la réserve est sauvegardée par une action en réduction. Voici les conséquences diverses auxquelles conduisent ces deux systèmes : « Si c'est une rescision, l'action fait tomber le partage à un point de vue plus énergique mais, d'un autre côté, on peut écarter cette action en fournissant de l'argent, tandis que si c'est une réduction la part du réservataire doit lui être livrée en corps héréditaires. Si c'est une rescision, il faut s'adresser à tous les copartagés ; au contraire, si ce n'est une rescision, il ne faut s'adresser qu'à l'avantagé. La Cour de cassation soutient que le partage n'est pas en réalité irrégulier, et qu'il le devient seulement parce qu'on a porté atteinte à la réserve.

Nous pensons, au contraire, que le partage est affecté d'un vice et que ce vice est une lésion qui peut être inférieure au quart, lorsque cette lésion se produit au détriment de la réserve et au profit du préciputaire.

Dans un troisième système, on reconnaît à la fois à notre action les caractères d'une action en rescision et ceux d'une action en réduction : dans le partage nous rencontrons d'une part un avantage excessif, et d'autre part une inégalité. Les enfants veulent faire subir un retranchement au descendant avantagé et se faire attribuer la portion qui sera retranchée pour rétablir l'égalité ; ainsi le but de notre action c'est de rétablir l'égalité et le moyen c'est de réduire l'avantage excessif. D'où il résulte que le défendeur pourra invoquer l'art. 891. On a objecté que la réserve doit toujours être fournie en corps héréditaires, mais la réponse est que cette règle n'est pas applicable quand il s'agit de faire disparaître l'inégalité qui existe dans un partage d'ascendant ; car s'il y a lésion de plus du quart le demandeur aura beau prouver que sa réserve est entamée, il ne devra pas moins se contenter de l'indemnité pécuniaire qui lui est offerte par le défendeur. Ce système concluant au maintien du partage décide que l'enfant lésé pourra mettre en cause l'enfant avantagé sans y appeler les autres copartagés qui n'ont pas été lésés. Cette doctrine ne nous paraît pas admissible, en effet il serait bizarre que notre art. eût voulu créer une variété nouvelle d'actions en réduction : de plus, l'art. 891 est sans application dans le cas qui nous occupe, parce que la réserve doit toujours être fournie en corps héréditaires, car si l'un des copartagés agit en rescision pour lésion de plus du quart, la présomption de la loi est qu'il y a eu simplement erreur de la part de l'ascendant ; tandis qu'il y a eu fraude de ce dernier lorsque c'est l'action en réduction qui est intentée. La loi doit donc être moins rigoureuse dans le cas d'erreur que dans le cas de fraude.

SECTION II

DURÉE DES ACTIONS EN NULLITÉ ET POINT DE DÉPART DE CETTE DURÉE.

La durée des actions est facile à déterminer : S'agit-il d'une action qui appartient aux enfants omis dans le partage, elle durera trente ans, l'enfant omis demande sa part de succession : c'est une véritable action en pétition de l'hérédité (art. 2262). S'agit-il au contraire des deux actions établies par l'art 1079 ou de celle qui résulte de l'inégale distribution des meubles et des immeubles, dans l'opinion de ceux qui appliquent les art. 826 et 832 au partage d'ascendant, il faut faire une distinction : Si le partage est fait entre-vifs, ces actions dureront dix ans conformément à l'art. 1304 qui est applicable dans ce cas puisqu'il y a eu convention. Si le partage est fait par testament, l'art. 1304 a-t-on dit-est sans application et ces actions en nullité seront soumises à la prescription de trente ans. Nous pensons au contraire que même dans ce cas ces actions se prescriront par 10 ans, car s'il y avait eu partage judiciaire, on appliquerait la prescription décennale, or le père de famille fait l'office d'un juge. La Cour de cassation qui soutient que l'action de l'art. 1079 est une action en réduction, admet pourtant que cette action ne dure que 10 ans. (Arrêt du 1er mai 1861, Dalloz, 1861, I, 323).

Pour arriver à cette solution la Cour prétend que l'action en réduction est une action en rescision partielle, c'est là une subtilité, car si c'est une action en réduction, il est évident qu'on n'attaque pas le partage.

Si le partage est testamentaire, aucune difficulté ne s'élève sur la question de savoir à quelle époque s'ouvre l'exercice de ces actions et par conséquent à quelle époque la prescription commence à courir. Ce n'est évidemment qu'au décès de l'ascendant, puisque avant cette époque le partage ne constitue qu'un simple projet et ne produit aucun effet.

Mais si le partage est entre-vifs, la question est plus controverée. Occupons-nous d'abord de l'action de l'art. 1078, ici la loi est formelle, c'est au jour du décès que l'enfant omis pourra se plaindre, car notre action n'est point une action en nullité mais une véritable pétition d'hérédité, comme nous l'avons déjà dit.

Arrivons maintenant à la question de savoir à quelle époque s'ouvrent les actions de l'art. 1079 intentées contre un partage entre-vifs. Cette question a donné naissance à plusieurs systèmes, ils reposent sur les différents caractères que l'on reconnaît aux partages entre-vifs. Dans une première opinion on partait de cette idée que le partage entre-vifs est un partage de succession anticipé d'où l'on concluait que ces actions pouvaient être intentées au jour même de l'acte.

Aujourd'hui la théorie de l'ouverture de plusieurs successions est abandonnée, et la Cour de cassation, par-

tant de l'idée que le partage entre-vifs est une donation qui se transforme en partage au jour du décès de
l'ascendant, décide que les actions de l'art. 1079 *in fine*
ne peuvent naître qu'à l'époque de l'ouverture de la
succession. Nous avons combattu précédemment l'idée
qui forme la base de ce système.

Dans une troisième opinion, le partage d'ascendant
est bien considéré comme un véritable partage dès le
jour où il a été effectué et produit immédiatement tous
les effets d'un partage. Il donne donc naissance à l'ac-
.tion en rescision pour cause de lésion, mais on décide
que l'enfant lésé ne peut intenter utilement cette action
qu'au jour du décès de l'ascendant et que la prescription ne peut pas commencer à courir contre lui avant
cette époque.

Le but de l'action en rescision est d'obtenir un nouveau partage, et ce but ne peut être atteint du vivant
de l'ascendant ; car, ou bien l'on admet que l'annulation du partage laisse subsister la donation et l'enfant
ne pourra pas exiger le rapport des parts de ses frères
et sœurs avant l'ouverture de la succession ; ou bien
l'on admet que la donation ne peut survivre au partage, alors les biens qui auront fait l'objet du partage
reviendront à l'ascendant et l'enfant qui avait été lésé
se trouvera obtenir un but opposé à celui qu'il voulait
atteindre en exerçant l'action en rescision.

Dans un quatrième système le partage d'ascendant
produit immédiatement les effets des partages ordi-

naires ; en effet, nous avons vu que le partage entre-
vifs se compose d'un double élément : abandon
collectif des biens et partage des mêmes biens entre
les descendants. L'ascendant a voulu faire un acte d'é-
galité, les enfants copartagés se devront donc garantie
contre toute éviction.

L'action en rescision pour cause de lésion de plus
du quart, est aussi utile que l'action en garantie pour
maintenir l'égalité, et lorsque l'enfant lésé intente
une action en rescision, il veut faire respecter la
volonté de l'ascendant en faisant réparer une erreur
qui la viciait dans ses conséquences. L'ascendant a
déclaré faire un partage, un acte d'égalité, mais il a
commis une erreur de calcul, il est donc conforme à
ses intentions de faire réparer cette erreur. On a objecté contre ce système, que l'enfant lésé ne peut, par
cette action, atteindre le but durant la vie de l'ascendant, et qu'il n'a aucun intérêt à l'exercer, nous répondons que l'enfant lésé a intérêt à agir en rescision
durant la vie de l'ascendant lorsqu'il veut échapper à
l'action en garantie qu'intente contre lui l'un des copartagés.

L'on peut supposer d'autres cas où le même intérêt
existera pour l'enfant lésé : il sait que ses frères et
sœurs se sont attachés à leurs lots, alors il intentera
l'action en rescision et ne manquera pas de recevoir
une indemnité immédiate : ou bien l'ascendant reconnaît une erreur qu'il a commise dans l'évaluation

des biens et il voudrait faire une répartition plus équitable, mais il n'a aucun droit pour attaquer le partage, alors l'enfant lésé demandera la rescision de l'acte et l'ascendant pourra réparer son erreur. On a dit encore contre ce dernier système que l'enfant qui se prétend lésé ne peut se plaindre durant la vie de l'ascendant qu'on ait violé un droit en sa personne, car il n'a pas de droit tant que vit l'ascendant et la preuve c'est que l'ascendant aurait pu l'omettre complétement ; en effet, l'ascendant pensait peut-être que cet enfant mourrait avant lui et l'art. 1077 nous montre que l'enfant omis ne peut attaquer le partage que s'il survit au père de famille ; ne faut-il pas dire *a fortiori* que l'enfant non omis ne doit être recevable à se plaindre, pour cause de lésion, que lorsqu'il sera héritier ?

Nous répondons que l'action en rescision pour cause de lésion n'a pas pour but de faire échec à la volonté du père de famille, et que l'enfant lésé trouve dans son titre de copartagé le droit d'agir en rescision, tandis que l'enfant omis n'a aucun titre pour agir; il ne peut se plaindre que comme héritier, et si on lui donnait le droit d'intenter une action durant la vie de l'ascendant, ce droit méconnaîtrait les intentions du père de famille. Quant à l'action en rescision de l'art. 1079 2°, bien que nous ayons admis que c'est une action en rescision, nous croyons cependant que dans ce cas particulier elle n'est ouverte qu'au décès et ne

peut être intentée que par celui qui est héritier ; en
effet, il ne peut y avoir de plaintes pour atteinte à la
réserve, qu'à l'ouverture de la succession: celui-là seul
peut se plaindre qui est réservataire et qui par conséquent est héritier.

À quelle époque fera-t-on l'estimation des biens
partagés pour savoir s'il y a eu lésion ? Cette question
se lie intimement à celle que nous venons de résoudre
et présente une importance pratique considérable,
car la valeur des biens peut éprouver de grandes modifications. En partant de la doctrine que nous avons
admise et d'après laquelle le partage entre-vifs a du
jour même de l'acte le caractère d'un partage, la solution ne peut souffrir aucune difficulté et nous conclurons que l'estimation des biens donnés doit être
faite au moment où la donation-partage a été effec-
tuée. La Cour de cassation décide au contraire que
cette estimation ne peut avoir lieu qu'au jour du décès,
cette doctrine donne prise à la critique à raison des
conséquences qu'elle entraîne; en effet, le père de famille le plus prudent n'est jamais sûr de faire un partage qui ne sera pas rescindable, il n'est pas rare de
voir des partages d'ascendants faits quelques années
avant le décès de l'auteur de l'acte, eh bien ! dans cet
intervalle, il peut y avoir des modifications considé-
rables. D'où il résulte que le partage entre-vifs d'ascendant autorisé par la loi ne pourra jamais avoir lieu.
Les Cours impériales font sur ce point la résistance la

plus énergique à la Cour de cassation ; elles décident tout en reculant au jour du décès l'exercice de l'action en rescision que l'estimation des biens doit avoir lieu selon leur valeur à la date du partage. Ce système laisse subsister l'un des dangers de la doctrine de la Cour de cassation, c'est-à-dire l'incertitude de la propriété. (Arrêts de la Cour d'Agen des 8 juillet et 31 décembre 1868, Sirey, 8me et 9me cahier. 68, 1, 3, 30 et 1er cahier 69, 2-17). S'il s'agit d'action en rescision pour avantage excessif, notre solution n'est plus la même ; nous avons à nous demander si l'avantage résultant du partage et la donation préciputaire dépassent la quotité disponible, or pour connaître la quotité disponible, l'estimation des biens doit se faire au jour du décès (art. 922) ; il faudra donc les estimer à cette époque pour savoir s'il y a lieu d'intenter l'action de l'art. 1079 2°. L'enfant avantagé aura beau dire que lors du partage il n'avait pas reçu un avantage supérieur à la quotité disponible ; le partage n'en sera pas moins annulé si, au jour du décès, l'avantage est excessif ; car il n'y a de quotité disponible que celle de l'époque du décès.

Le renonçant peut-il exercer l'action en rescision ? Dans l'opinion que nous avons admise sur le caractère du partage entre-vifs il est certain que le renonçant peut exercer cette action ; son titre de copartagé lui confère ce droit dans le cas où il y a intérêt. S'il est actionné en garantie il a intérêt à invoquer la nullité

du partage. L'action qu'il intente fait, à notre avis,
rentrer les biens dans la succession de l'ascendant
mais il y a encore intérêt si son lot est tombé à une
valeur inférieure à l'indemnité réclamée par ses cohéritiers. Le renonçant a également le droit d'exercer
l'action en garantie contre ses copartagés.

Dans le système qui ne permet pas aux copartagés
d'agir en rescision durant la vie de l'ascendant, s'élève
la question de savoir si, dans l'hypothèse d'un partage
conjonctif, la mort du prédécédé donne ouverture à
l'action en tant que cette action se rapporte aux biens
du prédécédé. Il faut faire une distinction: si les biens
partagés par les père et mère l'ont été en deux masses
distinctes, il y a en réalité deux partages, et l'annulation de celui qui a été fait par le prédécédé ne portera
aucune atteinte à la validité de l'autre ; si, au contraire,
les biens des deux époux n'ont formé qu'une seule
masse, le partage a un caractère d'indivisibilité et il ne
pourrait être annulé par rapport à l'ascendant prédécédé sans l'être également par rapport au survivant ;
or, comme toute réclamation contre l'acte du survivant
est, jusqu'à sa mort, interdite aux copartagés ; l'action
qu'il pourrait avoir contre l'acte du prémourant est
suspendue jusqu'au décès du survivant (Cass., 16 jan-
vier 1867, S., 67, 1, 177).

Un partage peut être ratifié soit expressément soit
tacitement. Quant à la nullité de l'art. 1078, l'enfant
omis pourra ratifier le partage après la mort de l'ascen

dant ; jusqu'à cette époque cette ratification est impossible, car elle vaut renonciation à la succession, or, toute renonciation à des droits sur succession future est nulle.

Lorsqu'un partage est annulable pour cause de lésion de plus du quart, peut-il être ratifié par le copartageant lésé ? Dans la doctrine que nous avons admise et qui permet d'exercer l'action en rescision dès le jour où le partage a été effectué, nous pensons que la ratification de l'acte durant la vie de l'ascendant serait une renonciation au droit de demander le partage égal des biens, droit qui est indépendant de celui qui consiste à faire tomber le partage inégal par l'action en rescision et qui ne naît pour les descendants qu'au jour où ils sont héritiers. Dans le système qui ne reconnaît pas à l'acte le caractère de partage avant la mort de l'ascendant, les enfants ne peuvent pas évidemment ratifier un acte qui n'est pas né. Ainsi personne ne permet la ratification durant la vie de l'ascendant, on craint que la ratification ne soit imposée par l'ascendant comme une condition de son partage.

Les faits qui constituent la ratification tacite sont laissés à l'appréciation des tribunaux ; des actes d'administration ou de prise de possession n'ont pas été jugés suffisants pour constituer la ratification. On a, au contraire, admis comme emportant ratification l'aliénation d'objets mis dans un lot ; la jurisprudence n'admet la ratification tacite que si le ratifiant agi en connaissance de cause.

SECTION III

EFFETS DE LA NULLITÉ DES PARTAGES

Le partage attaqué par un enfant peut être, suivant les circonstances, rescindé ou maintenu ; ce sont deux hypothèses que nous allons successivement examiner :

Première hypothèse : Le partage a été attaqué et annulé, il nous faut distinguer si l'acte est testamentaire ou entre vifs. Est-il testamentaire, on devra le considérer comme non-avenu s'il n'a pas encore été mis à exécution ; s'il a déjà été exécuté, son annulation détruit le titre en vertu duquel les cohéritiers avaient été mis en possession, et l'on applique la maxime : *resoluto jure dantis resolvitur jus accipientis.*

Si c'est un acte entre-vifs la nullité du partage, selon certains auteurs, ne laisse pas subsister l'autre élément de l'acte qui est une donation ; on en conclut : 1° Que les enfants après la rescision du partage restitueront à l'ascendant les lots qu'ils ont reçus ; 2° que le renonçant à la succession restituera les biens reçus ; 3° Que la même restitution sera faite par les héritiers de l'enfant prédécédé qui ne pourront pas venir par représentation à la succession de l'ascendant ; 4° que les biens donnés font retour à l'ascendant ou à sa succession; ici encore on applique l'adage : *resoluto jure dantis resolvitur accipientis.*

Dans un autre système, qui nous paraît préférable,

l'annulation du partage laisse subsister la donation d'où nous concluons : 1° Que si un enfant attaque le partage durant la vie de l'ascendant et en fait prononcer la nullité, les descendants pourront retenir les biens en qualité de donataires ; 2° le renonçant aura le droit de conserver son lot ; 3° les héritiers de l'enfant prédécédé auront le même droit lors même qu'ils ne viendraient pas comme représentants à la succession de l'ascendant ; 4° les enfants qui ont accepté la succession seront soumis après l'annulation du partage à toutes les obligations du rapport.

Les copartagés qui sont obligés de restituer leurs lots devront également restituer les fruits qu'ils ont perçus ; mais à partir de quelle époque doivent-ils ces fruits ?

M. Genty propose une distinction : si l'acte était annulable, les copartagés ont eu un titre qui subsiste jusqu'au jour de l'annulation et leur permet de conserver, malgré leur mauvaise foi, les fruits perçus jusqu'à ce jour. Si l'acte était nul ils n'ont eu aucun titre pour percevoir et acquérir les fruits, ils ne pourront donc les acquérir qu'en invoquant leur bonne foi. Nous pensons que cette distinction n'est pas admissible et que tout dépend de la bonne ou de la mauvaise foi des copartagés, et dans la première hypothèse prévue par M. Genty, les copartagés devront, selon nous, restituer les fruits du jour où la cause de rescision leur aura été connue.

Deuxième hypothèse. — Le partage a été attaqué et maintenu, on doit alors appliquer l'art. 1080 dont voici les termes : « L'enfant qui, pour une des causes exprimées en l'art. précédent, attaquera le partage fait par l'ascendant, devra faire l'avance des frais de l'estimation et il les supportera en définitif ainsi que les dépens de la contestation si la réclamation n'est pas fondée. » Attaquer un acte qui intéresse toute la famille et qui avait pour but de maintenir la concorde et la paix est une chose grave : aussi le législateur n'at-il pas voulu qu'on l'attaquât trop légèrement. Il impose donc à l'enfant qui intente une action contre le partage, l'obligation de faire l'avance des frais de l'estimation, et menace cet enfant pour le cas où il succomberait d'une condamnation à tous les frais et dépens. Les juges ne pourraient donc pas appliquer ici l'art. 131 du Code de procédure qui permet de compenser les dépens dans les procès entre les pères et les enfants. On sort de cette exception et l'enfant sera condamné à titre de peine à tous les frais et dépens.

POSITIONS.

—

DROIT ROMAIN

I. L'action *familiæ erciscundæ* était une action de bonne foi même au temps des jurisconsultes.

II. C'est une action mixte en ce sens que *l'arbiter familiæ erciscundæ* est investi du pouvoir de condamner les parties et d'adjuger les choses héréditaires.

III. Cette action est donnée à tous ceux qui pourraient exercer la pétition d'hérédité si on leur contestait la qualité d'héritier.

IV. L'omission dans le partage d'un seul des cohéritiers entache ce partage de nullité (*nec obstat* Loi 264, *Dig. fam. ercis*).

V. Lorsqu'un immeuble qui n'est pas commodément partageable est licité et que c'est un étranger qui offre le plus haut prix, cet immeuble est attribué au surenchérisseur par le magistrat et non par *l'arbiter familiæ erciscundæ*.

VI. Si l'objet donné en gage au *de cujus* a été adjugé à l'un des cohéritiers, celui-ci doit payer à chaque cohéritier sa part héréditaire dans la créance lorsque le gage est d'une valeur égale ou supérieure à cette créance ou dans le montant de la valeur du gage lorsqu'elle est inférieure à la somme due.

VII. L'héritier qui a reçu l'objet donné en gage au

défunt et qui a payé à ses cohéritiers leur part héréditaire dans la créance peut, lorsque le partage a été provoqué contre lui, intenter l'action *pigneratit a contraria* contre le débiteur pour le contraindre à payer sa dette et à reprendre la possession du gage. Si c'est lui qui a provoqué le partage, il ne pourra pas exercer cette action *pigneratit a contraria*.

VIII. Lorsque le *de cujus* était créancier d'une chose indivisible comme d'une servitude de passage et qu'il laisse plusieurs héritiers, chacun d'eux exercera pour le tout l'*actio ex stipulatu*, mais n'obtiendra une condamnation pécuniaire que pour sa part.

IX. La propriété ne peut pas être adjugée *ad certum tempus vel ad certam conditionem* ; *ni ex certa conditione*, elle peut l'être *ex certo tempore*; l'usufruit peut être adjugé *ad certum tempus vel ad certam conditionem*; mais il ne peut pas l'être *ex certa conditione*. Pouvait-il l'être *ex certo tempore?* Oui, d'après Ulpien. Non, d'après Paul: Justinien consacra sur ce point l'opinion d'Ulpien.

X. Lorsqu'un héritier qui a fait des dépenses nécessaires ou utiles peut intenter contre ses cohéritiers l'action *familiæ erciscundæ*, il ne peut pas remplacer cette action par l'action *negotiorum gestorum contraria*.

XI. L'action *familiæ erciscundæ* ne peut être exercée qu'une seûle fois (*nec obstat*, loi 1 au Cod., liv. 3, tit. 36).

XII. Les partages judiciaires et extrajudiciaires sont rescindables pour cause de lésion.

DROIT FRANÇAIS

I. Le partage fait par l'ascendant était admis même dans les coutumes d'égalité parfaite.

II. La lésion était-elle une cause de nullité dans les partages d'ascendants ? — Il faut distinguer entre les coutumes de préciput et les coutumes d'égalité.

III. La démission de biens participait de la nature du testament et de la nature de la donation.

IV. La démission de biens n'était pas une succession anticipée ; c'était plutôt une image de la succession.

V. Les partages faits par les ascendants étaient permis sous la loi du 17 nivôse an II.

VI. Dans les partages testamentaires, les copartagés reçoivent leurs lots en qualité d'héritiers et non en qualité de légataires.

VII. Lorsque le partage est fait par testament, si des changements de valeur sont survenus dans les lots, et s'ils détruisent l'économie du partage, ce partage devra être annulé, mais s'ils n'en détruisent pas l'économie, ils ne donnent lieu à aucune indemnité.

VIII. Le partage entre-vifs produit *hic* et *nunc* ses effets en tant que partage et les conserve même à l'égard des copartagés qui renoncent à la succession de l'ascendant.

IX. Les enfants naturels reconnus doivent être compris dans les partages d'ascendant sous peine de nullité de l'acte.

X. Le mineur âgé de plus de 16 ans ne peut faire un partage par testament que relativement à ce dont il peut disposer par testament.

XI. Le partage entre-vifs des biens de la communauté fait par les époux conjointement entre les enfants communs est valable.

XII. Les art. 826 et 832 du Code Napoléon ne sont pas applicables aux partages d'ascendants.

XIII. Si un enfant est décédé postérieurement au partage entre-vifs dans lequel il a été compris et s'il laisse des descendants, ceux-ci le représenteront et le partage demeurera valable.

XIV. L'action créée par l'art. 1079 2 est une action en rescision et non une action en réduction.

XV. L'action en rescision pour lésion de plus du quart est ouverte dès le jour du partage entre-vifs.

XVI. L'estimation des biens partagés pour savoir s'il y a eu lésion doit se faire au moment où le partage a été effectué.

XVII. Lorsque le partage est entre-vifs, l'annulation du partage laisse subsister la donation.

DROIT PÉNAL

I. Le décès du mari survenant après la dénonciation de l'adultère et avant le jugement n'arrête pas l'action du ministère public.

II. L'accusé acquitté pour crime ne peut plus être poursuivi pour le même acte qualifié délit.

DROIT DES GENS

I. Les bâtiments de commerce stationnant dans un pays étranger sont soumis à la juridiction territoriale même pour ce qui concerne les délits entre gens de l'équipage, dont la répression n'intéresse pas exclusivement la discipline et l'administration intérieure du bord.

II. Les nations belligérantes ne peuvent interdire tout commerce aux neutres avec leur adversaire, mais elles peuvent empêcher un commerce qui implique une immixtion dans les hostilités.

HISTOIRE DU DROIT

I. L'origine du colonat est dans l'application des barbares vaincus à la culture de la terre.

II. L'origine du fief se trouve dans les rapports de clientèle qui existaient entre les chefs germains et leurs compagnons d'armes.

Vu par le Président,
VALETTE.

Vu par le Doyen,
G. COLMET-DAAGE.

Vu et permis d'imprimer,
le vice-recteur de l'Académie de Paris,
A. MOURIER.

866. — Abbeville. Imprimerie Briez, C. Paillart et Retaux.